innenwelt verlag

1. Auflage 2014
Umschlaggestaltung: Silke Bunda Watermeier
www.watermeier.net
Illustration Cover: Kartar Althoff
Copyright © 2014 Innenwelt Verlag GmbH, Köln
www.innenwelt-verlag.de
Alle Rechte vorbehalten.

Druck: CPI books, Leck
Druck: Printed in Germany
ISBN 978-3-942502-32-0

**KARTAR ALTHOFF**

# KONTEMPLATION

Antworten auf Fragen finden,
die man nicht googeln kann

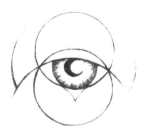

# INHALT

    Vorwort | 6
1. Historischer Ursprung und Entwicklungsgeschichte | 11
2. Was bedeutet Kontemplation | 17
3. Die Methode des Kontemplierens | 26
4. Einstimmung – Versenkung | 38
5. Wertfreies Betrachten | 42
6. Die Kunst des Fragens | 46
7. Das Durchdringen von Begrifflichkeiten | 57
8. Themen und Inhalte | 64
9. Das Befragen einer höheren Instanz | 72
10. Kontemplation und Meditation | 78
11. Aktivität und Rezeptivität | 85
12. Was die Kontemplation vom Nachdenken und Beten unterscheidet | 90
13. Ablenkungen | 99
14. Motivation | 104
15. Austausch über Kontemplation | 112
16. Intuition und Ratio | 117
17. Der Unterschied zwischen Information und Erkenntnis | 125
18. „Das Denkorgan" – die Funktionen des Verstandes | 129
19. Zusammenfassung und Kurzanleitung | 139
    Anhang – allgemeine Einstiegsfragen | 144

## VORWORT

SO OFT IM LEBEN – UND BESONDERS WENN DIE DINGE nicht so gelaufen sind, wie ich meinte, dass sie laufen sollten – habe ich mich gefragt, was wirklich los ist, worum es eigentlich geht, wie es für mich weiter geht und was ich überhaupt selbst beeinflussen kann? Meistens jedoch habe ich weder genau nachgefragt, noch habe ich mich an die richtige Quelle gewandt.

Fast immer suchte ich Antworten und Lösungen in den äußeren Umständen und Fakten und habe mich selbst nur als Beurteiler eingebracht. Oder ich habe die Einschätzung anderer für kompetenter gehalten als meine eigene Wahrnehmung.

Dass ich als Beobachter allen Geschehens auch Teil aller Lösungen bin, war mir nicht klar. Und immer wenn ich mit meiner Logik nicht weiter gekommen bin, hat mich die Ablenkung gelockt oder ich habe mich mit Antworten begnügt, die ich bereits kannte.

Ich hatte die Vorstellung, Kontemplation sei ein ernstes, kompliziertes und theologisches Nachdenken über den Sinn des Lebens. Aber dann habe ich eine Methode für mich entdeckt, die unglaublich einfach ist und keine fertigen Antworten oder Ergebnisse vorgibt.

Das Prinzip der Kontemplation ist uralt. Doch es scheint mir hoch aktuell zu sein, weil wir im Informationszeitalter von so vielen Daten und kollektiven Meinungen überflutet werden, dass wir dringend den Bezug zur eigenen inneren Wahrheit benötigen, um uns in dieser sich so rasant ändernden Welt orientieren zu können. Es ist heute selbstverständlich jede Frage mal eben zu googeln, aber im gleichen Maße, so scheint mir, brauchen wir einen Zugang zu unserer eigenen inneren Quelle. Das direkte intuitive Befragen dieser Quelle beim Kontemplieren ist dabei erstaunlich ergiebig.

Dieses etwas „verrückte" Phänomen, mit sich selbst einen inneren Dialog zu führen, sich selbst Fragen zu stellen und diese dann auch noch selbst zu beantworten, geschieht ja fast ständig mehr oder weniger bewusst und vor allem mit mehr oder weniger Erfolg. In Form der Kontemplation kann dieser Dialog aber bewusstseinserweiternd sein.

Auf der Suche nach Antworten habe ich festgestellt, dass Antworten von außen im besten Fall ein bisschen von der Wahrheit in meinem Inneren anklingen lassen. Dabei wurde mir klar, dass Erkennen viel wichtiger ist, als „die Kenntnis über" etwas, denn es gibt ein gefühltes Wissen des Herzens, das für meine Realität mindestens so wichtig ist wie mein rationales Verständnis der äußeren Fakten.

Kontemplation vereint die Weisheit des Herzens mit der des Verstandes. Durch das Kontemplieren habe ich Zugang zu meiner Intuition gefunden. Sie ist für mich der Schlüssel zur Stimme meines Herzens und macht mein rationales Verstehen erst lebendig. Die für mich relevanten Fragen zu entdecken, hat mich sofort begeistert, und ich habe

Antworten in der Kontemplation bekommen, die mich selbst überrascht haben. Fast so, als kämen sie nicht von mir und dennoch waren sie mir vertraut und absolut stimmig.

Ich selbst bin gegenüber fremden Konzepten, die viel versprechen nicht sehr aufgeschlossen und fühle mich von offensiven Ratschlägen schnell bedrängt. Ich kann auch kluge und populäre Weisheiten nicht einfach für mich übernehmen, deshalb war die Entdeckung der Kontemplation für mich eine Offenbarung.

Irgendwann in einer Kontemplation tauchte der Satz auf: „Schreib ein Buch über Kontemplation!" Erstaunt habe ich weiter gefragt, wie das gehen soll, und mit jeder Frage kam eine weiterführende Antwort. So entstand Schritt für Schritt dieses Buch. Ich habe viele Hintergründe recherchiert, aber die Themen hauptsächlich kontemplativ erforscht. Um das Buch mit einigen Beispielen zu beleben, sind Kontemplationen von Teilnehmern aus meinen Kursen oder mir selber eingefügt. Sie geben eine Vorstellung davon, wie Fragen und Antworten aussehen können. Dabei ist aber zu beachten, dass der innere Dialog (selbst bei gleichen Fragen) für jeden anders ausfällt und diese Beispiele keine festen Vorgaben sein sollen, denn: Es gibt keine „richtigen" Antworten, nur persönliche!

Manche Antworten erscheinen in Bildern, Ahnungen, in Stichworten oder auch ganz ohne Worte. Manche Antworten erscheinen profan, manche besonders bedeutungsvoll. Jeder empfängt seine Antworten in einer etwas anderen Sprache.

Dies waren die ersten drei Kontemplationsfragen, die ich mir selbst gestellt habe:

**Warum sollte ich mich dafür entscheiden, Kontemplation zu lernen?**

- Damit ich mehr Klarheit in mein Leben und bei meinen Entscheidungsfindungen bekomme.
- Um einer Struktur folgen zu können.
- Wegen meinem „Wischi-Waschi" und „kein Bock".
- Um mit meiner Freundin auf dem Weg der Selbstfindung etwas zusammen zu machen.

Der erste Satz erschien mir am wichtigsten, darum habe ich da weiter gefragt:

**Was bedeutet diese Antwort, was ist damit zu tun?**

- Klarheit ist nicht das Thema, du willst Klarheit nur dafür benutzen, um geschickter zwischen „richtig und falsch" unterscheiden zu können, aber das ist gar nicht dein Thema!!!

Diese Antwort hat mich erstaunt und etwas verwirrt, so habe ich weiter gefragt:

**Was ist mein Thema?**

- Da sein, kochen, lieben was ist, ankommen, sein wo ich bin.

Die Antworten waren für mich persönlich wichtig und verhalfen mir zu neuen Einsichten. So wurde ich neugierig darauf, was noch so alles an Antworten in mir schlummert.

Mir ist es ein Anliegen in diesem Buch, die Kontemplation als Methode zur Selbsterkenntnis möglichst neutral zu beschreiben und ihre Funktion unabhängig von bestehenden Weltanschauungen und Traditionen zu erläutern.

Ich habe versucht die Themen verständlich zu formulieren, aber habe dabei sicher auch viele Erkenntnisse aus meinem Herzen einfließen lassen. Ich hoffe, damit andere inspirieren zu können, mehr der eigenen inneren Weisheit zu vertrauen.

An dieser Stelle möchte ich meiner Frau Khyana für ihre Unterstützung danken.

Und ich möchte Peter Kaup danken, bei dem ich die Kontemplation kennengelernt habe und der mich durch sein inneres Licht so inspiriert hat. Peter Kaup ist der Gründer des Hum-Yoga-Zentrums in Iselersheim bei Bremervörde.

# 1. HISTORISCHER URSPRUNG UND ENTWICKLUNGSGESCHICHTE

KONTEMPLATION LEITET SICH VON DEM LATEINISCHEM Wort *contemplare* „betrachten, anschauen" ab und wird heute mit „beschauliche Betrachtung" übersetzt. Erstmals übten die Auguren, römische Beamte mit höchsten religiösen Ehren versehen, Mitte des 8. Jh. v. Chr. die *contemplatio* aus, um die Götter zu befragen, ob ein Vorhaben ihrem Willen entsprach und somit gut ausgehen würde.

Kontemplation hat sich später in christlichen Traditionen als Ritual religiöser Betrachtungen weiter verbreitet. Sie wird meist als stilles Nachsinnen über Gott, die heiligen Schriften oder die Natur verstanden. Der klassische Dialog mit Gott durch Gebete wurde also auch immer als eine Form der Kontemplation verstanden.

In Zeiten der Inquisition wurde die Kontemplation und bestimmte Texte, die sich mit Kontemplation beschäftigten, verboten und jene wurden verfolgt, die Antworten zuließen, die nicht dem herrschenden Gottesbild entsprachen. Es wurden nur Antworten als Gottes Wort anerkannt, welche die gegebenen Machtverhältnisse nicht in Frage stellten. So hat sich die Kontemplation über die Jahrhunderte in vielen Klöstern zu einem Ritual entwickelt, das als religiöse Besinnung auf Gott im Sinne der Kirche und ihrer Bibelauslegung verstanden wurde. Dabei darf man nicht vergessen, dass jede institutionalisierte Glaubensgemeinschaft sozialen und politischen Regeln unterliegt, welche die Form der Rituale prägt. Enthaltsamkeit, Buße, Askese und strenge Gottesgläubigkeit sind keine Attribute der Kontemplation.

Kontemplation wurde aber immer auch als innerer Dialog zur Klärung bestimmter metaphysischer Themen benutzt. Wegen ihrer Verwandtschaft zur Meditation hat sie vielen Suchenden geholfen. Kontemplatives Forschen wurde benutzt, um neue Erkenntnisse in Astronomie, Physik und Philosophie zu gewinnen.

Heute kann die Kontemplation viel freier und individueller als eine Methode zur Bewusstwerdung genutzt werden. Die vorurteilsfreie Betrachtung ist eine Voraussetzung für neue Erkenntnisse und für das Kontemplieren elementar. Das Bewerten in „gut" und „schlecht" ist dabei hinderlich. Wenn das Beobachtete zu schnell eingeordnet und beurteilt wird, hemmt es das neutrale Erforschen. Gerade ein spielerischer und leichter Umgang mit den elementaren Themen des Lebens hilft, die Türen zu neuen Erkenntnissen zu öffnen. Es ist nicht mehr die Furcht vor ketzerischen Antworten, die ein freies Kontemplieren einschränkt, sondern unsere eigene innere Zensur, die ein vorurteilsfreies Betrachten erschwert. Es ist der innere Kritiker, der unsere eigenen Fähigkeiten, Empfindungen und Wahrnehmungen immer wieder zermürbt, und es es uns schwer macht, zu vertrauen.

Das Verständnis von Meditation und Kontemplation ist in Ost und West unterschiedlich und die

Vermischung östlicher und westlicher Begriffe führt oft zu Missverständnissen. In der Deutung von Kontemplation und Meditation ergeben sich Widersprüche, weil die Praktiken, die sich in den unterschiedlichen Kulturkreisen entwickelt haben, auch unterschiedlich übersetzt wurden.

Im Mittelalter wurde Meditation als geistige Betrachtung, die Kontemplation als gegenständliche Betrachtung gesehen. In manchen Klostergemeinschaften wurde Kontemplation auch als das schweigende Anschauen des liebenden Gottes beschrieben.

Die wörtliche Übersetzung des Wortes Meditation aus dem Lateinischen ist „Nachdenken/ Nachsinnen" – das Gegenteil von dem, was aus asiatischen Überlieferungen als Meditation beschrieben wird. Im Sanskrit werden Geisteszustände poetisch umschrieben, für die es im Westen keine entsprechenden Gleichnisse gibt. Die fernöstlichen Erklärungsmodelle und Praktiken für Versenkung und Erkenntnissuche sind hierzulande inzwischen bekannter, als die des europäischen Abendlandes aus christlichen oder heidnischen Quellen.

Die unterschiedliche Entwicklung geistiger Praktiken in Ost und West lässt sich unter anderem auch auf die geografische Gegebenheiten zurückführen, denn der Verstand hat sich durch unterschiedliche Anforderungen der jeweiligen Regionen etwas anders ausgeprägt.

Um die kalten Winter im Nord-Westen zu überleben, war gerade ein weit voraus planender

Verstand überlebenswichtig. Wer die kausalen Zusammenhänge der Naturgesetze und der sozialen Kontakte nicht richtig verstand und befolgte, konnte nicht überleben. In den gemäßigten Klimazonen des Ostens, in denen zum Teil das ganze Jahr über Früchte reiften und in denen mehrere Ernten im Jahr möglich waren, hat sich die Funktion des strategischen Denkens weniger stark entwickelt als im Westen. In den kälteren Klimazonen waren Vorratshaltung und kriegerische Beutezüge existenzentscheidend.

Ein streng kalkulierender Verstand und ein aktiv nach außen orientiertes Dominanzverhalten haben die geistige Haltung, auch in spiritueller Hinsicht, im Westen anders geformt als im Osten. Die Befürchtung man könnte die Fähigkeit zu planen und sich vorrausschauend zu organisieren verlieren, lässt Methoden, die das Denken überwinden wollen, im Westen nicht gerade attraktiv erscheinen. Das Bestreben den Geist in der Meditation zu leeren, wird hierzulande immer noch subtil als Bedrohung wahrgenommen, weil dadurch auch die Grenzen des eigenen Selbstbilds verschwimmen. Die Definition über die eigene Person zu verlieren, stellt die gesellschaftliche Rolle infrage, was verständlich macht, warum sich hier eher die Kontemplation verbreiten konnte, die sich zunächst mit dem Verstehen von geistigen oder weltlichen Inhalten beschäftigte.

Mittlerweile ist der Begriff Meditation im Westen viel bekannter als der Begriff der Kontemplation, unter dem sich heute kaum noch jemand etwas

Genaues vorstellen kann. Meditation ist hier ein positiv besetzter Alltagsbegriff, der für die Beschreibung unterschiedlicher Zustände und Praktiken benutzt und inzwischen für Werbezwecke eingesetzt wird, wenn ein Produkt mit Entspannung und Ausgeglichenheit assoziiert werden soll.

Der Ansatz vieler Meditationen liegt in der Überwindung zielorientierten Denkens, was unseren westlichen Prägungen widerspricht, denn wir sind gewohnt, unser Verhalten an messbaren Erfolgen zu orientieren, wie z. B. bei sportlichen Leistungen oder akademischen Graden. So führt uns meist erst das Bedürfnis nach Klärung von inneren wie äußeren Konflikten zur Methode des Kontemplierens. Die Selbstreflexion kann zunächst die eigenen unangenehmen Prägungen deutlich machen und tiefe Erkenntnisprozesse auslösen, aber irgendwann führt der Kontemplationsprozess auch in meditative Bereiche.

Das Wissen der westlichen Kulturen wurde in den Klöstern über Jahrhunderte weitergetragen und durch kontemplative Betrachtungen beeinflusst. Die entscheidenden Geistesblitze der großen Erfinder und Forscher kamen nicht immer aus der Analyse des bereits Bekannten, sondern aus einer spontanen Eingebung. Der monotheistische Glaube an den einen Gott hat im Westen auch dazu beigetragen, dass sich die mystischen Praktiken mehr auf eine höhere Gesetzgebung im Außen richteten. Die Konzentration auf das Gute und die Hingabe an Gott waren für die westlichen Sucher der Zugang zum Himmelreich.

Der Polytheismus und die Religionen ohne Gottesvorstellung im Osten haben eine andere geistige Ausrichtung begünstigt. Nach vielen asiatischen Vorstellungen menschlicher Vervollkommnung erreicht man den Zustand der Vollkommenheit, indem man das – durch Begierden gesteuerte – Denken überwindet.

Jahrhundertealte Traditionen prägen natürlich die heutige Betrachtungsweise der Dinge, trotzdem muss der Zugang zu diesem fast verschollenen Werkzeug der Selbsterkenntnis von jedem selbst neu entdeckt werden. Alte Vorgaben mögen ansprechend mystisch oder abstoßend antiquiert wirken, wer aber eine eigene Erfahrung vom Kontemplieren machen möchte, ist darauf nicht angewiesen. Kontemplation kann also von jedem, unabhängig seiner kulturellen Prägungen und Vorkenntnisse, praktiziert werden. Sie hilft nicht nur auf der Suche nach tieferen Erkenntnissen über das Leben und das eigene Sein, sondern ist auch im Alltag eine praktische Lebenshilfe, unabhängig von jeder Konfession.

Im historischen Kontext wird deutlich, dass Kontemplation den Menschen schon immer in irgendeiner Form geholfen hat, sich und die Welt besser zu verstehen. Die Methode des Kontemplierens ist an sich so simpel und direkt, dass sie keine philosophischen oder religiösen Erklärungsmodelle braucht.

## 3. WAS BEDEUTET KONTEMPLATION?

IN DER KONTEMPLATION WIRD EINE SANFTE, AUFmerksame Betrachtung von bestimmten Inhalten benutzt, um dem Kern einer Sache auf den Grund zu gehen und um so ein tieferes Verständnis des Ganzen zu erlangen.

Da Kontemplation eine Methode zur Bewusstwerdung ist und der Begriff Bewusstsein bis heute nicht eindeutig definiert werden konnte, kann auch Kontemplation im Kern nicht genau definiert werden. Sich bewusst werden zu wollen, was Bewusstsein ist, ist so, als wolle das Auge sich selbst beim Schauen zusehen. Also benutzen wir Umschreibungen, um eine Ahnung zu bekommen, was Kontemplation bedeutet.

Das lateinische Wort *contemplare* bedeutet betrachten/beobachten. Es beinhaltet die Worte *con* (zusammen) und *templum* (heiliger Bezirk/Beobachtungsraum), das ursprünglich einen – aus der gewöhnlichen Topographie herausragenden – Bereich bezeichnete, der zur Betrachtung göttlicher Zeichen genutzt wurde.

Mittlerweile bedeutet *templum* – Tempel/heiliges Gebäude. Die römischen Auguren machten ihre Weissagungen, indem sie diesen abgesteckten heiligen Kreis in Verbindung mit einem heiligen Bereich des Himmels betrachteten, der auch so genannt wurde. Zeichen, wie z. B. der Vogelflug zwischen diesen Bereichen, wurden als göttliche

Hinweise gedeutet. Aber *templum* heißt auch Beobachtungsraum, und verweist damit auf die Bedeutung, die Kontemplation auch heute hat: Nämlich, sich einen besonderen Raum der Beobachtung zu schaffen. Das Wort geht also auf die gemeinsame Betrachtung zweier „heiliger" gegensätzlicher Bereiche zurück.

Heute können wir die himmlischen und irdischen Bereiche auf die Innenwelt und die Außenwelt übertragen, die scheinbar räumlich getrennt voneinander, aber nur in Bezug zueinander funktionieren. Die Widersprüche und Konflikte, die sich durch unser Interagieren in der Außenwelt ergeben, werden beim Kontemplieren in einem inneren Tempel bzw. Beobachtungsraum befragt.

Themen und Fragen, die sich aus der Betrachtung der äußeren und inneren Welt ergeben, behalten beim rein analytischen Nachdenken etwas Abstraktes. Erst durch die Verbindung von Objekt und Subjekt entstehen neue Horizonte der Wahrnehmung. Man kann z. B. versuchen, rein analytisch alle Aspekte der Liebe objektiv zu ergründen, aber ohne die subjektive Erfahrung der Liebe bleibt jede noch so logische Erklärung abstrakt und leblos. Wir können uns nicht selbst allein durch Nachdenken aus dem Sumpf der Gedanken herausziehen.

Alles Beobachtete existiert nicht unabhängig vom Beobachter. Probleme im Außen werden lösbar, wenn der Bezug zu den eigenen inneren Vorgängen erkannt wird. Das eigene Zutun wird deutlich und damit eröffnen sich auch neue Umgangsweisen. Bestimmte Themen, die im Leben schwer erscheinen, können sich durch die kontemplative Betrachtungsweise relativieren und in einem ganz anderen Licht gesehen werden.

Bei inneren Themen, die in der Kontemplation befragt werden, eröffnet sich die Möglichkeit, diese mit größerer emotionaler Distanz zu betrachten. Diese Distanz hilft, automatisches Reflexverhalten zu erkennen und die Identifikation mit den emotionalen Inhalten zu lösen.

Jemand, der in stiller Meditationshaltung über den Sinn des Lebens nachdenkt, praktiziert nicht automatisch eine kontemplative Betrachtung. Auch das Nachsinnen über geistige oder „heilige" Themen ist nicht automatisch eine Kontemplation. Weder die Beschreibung der geistigen Praxis noch die Beschreibung der betrachteten Themen kann genau definieren, was Kontemplation ist.

Es ist eher das Erkennen selbst, der Moment des Bewusstwerdens, was den Kern der Kontemplation ausmacht. Kontemplation ist mehr als Form und Inhalt erklären können. Eine innere Sehnsucht erkennen zu wollen, was wirklich ist, löst eine Suche aus. Bereit zu sein, die Fragen unvoreingenommen zu ergründen, macht empfänglich für Erkenntnisse, die mehr sind als Informationen.

Kontemplieren ist ein Pflücken des Augenblicks. Eine lebendige Antwort kann nur aus der Gegenwart, aus dem, was gerade ist, kommen. Theoretisches, abstraktes Analysieren bleibt meist ein Jonglieren mit Daten.

Das „Aha-Erlebnis" des Erkennens kommt nicht allein aus dem geistigen Verstehen, sondern bedarf auch der Ebene des gefühlten Wissens, der Wahrheit des Herzens.

Durch die Auswahl der Frage fokussieren wir uns auf ein Thema oder auf einen Punkt. Dann kommt die Phase des Öffnens. Indem man unvoreingenommen lauscht, wird man empfänglich für neue Zusammenhänge, Antworten und Bewusstseinsebenen. Allein das Erlebnis des Verstehens kann eine Erleichterung, Freude und Entspannung auslösen, ohne dass man an den Themen selbst „gearbeitet" hat. Die Erweiterung des Sichtfeldes durch die Kontemplation verändert zwar nicht die Umstände und Tatsachen, zeigt aber Ursachen und neue Möglichkeiten auf. Im Moment des Erkennens löst sich eine Spannung auf, der Verstand kommt im Augenblick des Verstehens für einen Moment zur Ruhe. Es entsteht ein innerer Frieden, den wir auch von der Meditation kennen, wenn die Geschäftigkeit des Verstandes unterbrochen wird.

Kontemplation unterscheidet sich von der Konzentration und der Meditation. Die Konzentration bündelt das Bewusstsein auf einen Punkt und blendet alle anderen Nebenschauplätze aus. Die Meditation löst das Bewusstsein von den Objekten der gewöhnlichen Betrachtung.

In der Kontemplation wird das Bewusstsein auf ganz neue oder auch auf verborgene Zusammenhänge gelenkt, die dem betrachteten Thema innewohnen. Der Fokus der Aufmerksamkeit ist dabei weder darum bemüht die geistigen Verhaftungen zu lösen, noch wird versucht, die Nebenaspekte auszublenden. Anfangs bewegen einen meist konkrete persönliche Probleme. Bei ihrer Erforschung stößt man dann auf Fragen, die sich auf übergeordnete Prinzipien beziehen, welche die Menschen seit jeher beschäftigt haben, z. B.: „Was ist ein glückliches Leben?"

Diese Art der Fragestellungen hat zur Verwandtschaft zwischen Kontemplation und Philosophie geführt. Bei der Beschäftigung mit solch grundlegenden Fragen dringt man unweigerlich in Bereiche vor, die sich dem logischem Verständnis von Ursache und Wirkung mehr oder weniger entziehen und die Konfrontation mit sogenannten transzendentalen Themen auslösen können.

Wenn man an diesen Punkten weiter offen und erwartungsfrei beobachtet, geschieht dasselbe wie in einem tiefen Meditationszustand. Das Beobachten löst sich von den beobachteten Objekten und eine bewusstseinserweiternde oder transzendentale Erfahrung kann plötzlich geschehen.

Eine Erfahrung, die in den meisten Kulturen als religiöse oder mystische Erfahrung beschrieben wird. Dieser Prozess lässt sich allerdings nicht vorsätzlich durch philosophische oder religiöse Prinzipien erzwingen. Es ist immer eine individuelle Erfahrung.

### Beispiel

**Zuerst mag sich jemand fragen:**
- Wie schaffe ich es, mehr Zeit zu haben?
- Was zwingt mich, mehr Zeit mit Dingen zu verbringen, die ich gar nicht tun will?

**Daraus entstehen für gewöhnlich die Fragen:**
- Wie kann ich Zeit sparen?
- Wie entkomme ich den Zwängen?

**Dann kommt man vielleicht zu der Frage:**
- Wofür genau will ich eigentlich mehr Zeit haben?

**Und dann:**
- Wie funktioniert mein Zeitempfinden?

**Irgendwann stolpert man über die Frage:**
- Was ist das Phänomen Zeit?

Mit den Antworten der ersten Fragen schafft man es im besten Fall sein Leben besser zu organisieren, die nächsten Antworten verhelfen zu größerer Selbsterkenntnis und die letzten Antworten führen zur Meditation oder bei manch einem zur Philosophie. Die Meditation ist in den meisten Traditionen eine zustandsorientierte Methode.

Kontemplation dagegen eher zielorientiert. Das Erkennen geschieht beim Meditieren sozusagen als Nebeneffekt der Bewusstwerdung und kann sogar gegenstandslos sein. Beim Kontemplieren geht es mehr um die beobachteten Themen als um einen angestrebten Zustand. Kontemplation ist zunächst eine zielorientierte Methode, da der Geist auf bestimmte Themen fokussiert wird, sie zu durchdringen versucht und als Nebeneffekt des Erkennens entsteht ein Zustand des Einsseins und der Entspannung.

Gemeinsamkeiten und Unterschiede und wie sich Kontemplation und Meditation ergänzen können, werden in einem späteren Kapitel genauer beschrieben.

Der Ausdruck „ein kontemplatives Leben führen" kommt aus der Zeit, in der Menschen dem „weltlichen Leben" entsagt haben, um im ständigen Dialog mit Gott eine höhere Wahrheit und Erfüllung zu finden. Wenn der Ausdruck „kontemplativ" synonym mit dem Begriff „meditativ" benutzt wird, will er nicht auf die angewendete Methode verweisen, sondern darauf, dass etwas mit innerer Reflexion betrachtet wird, wie z. B. kontemplative/meditative Texte oder Kunst.

Kontemplation ist ein Prozess, der über das rein logische Verstehen von Kausalzusammenhängen hinausgeht. Das Durchdringen von Umständen und Zusammenhängen hat zwar zunächst praktische Vorteile, aber der menschliche Verstand wird allein durch seine Funktionsweise immer wieder an die Grenzen des Verstehbaren stoßen (siehe dazu auch das Kapitel „Das Denkorgan"). Die Erfahrung der Bewusstwerdung ist letztlich bedeutender als die Inhalte, über die kontempliert wird.

Von außen betrachtet, ist der Akt des Kontemplierens etwas Absurdes, denn wer befragt eigentlich wen? Um dieser Widersprüchlichkeit zu entgehen, unterteilen wir die eigene Identität. Wir identifizieren uns mit dem fragenden Teil unseres Selbst und empfangen die Antwort aus einem Bereich, den wir Unbewusstes nennen. Manche Antworten erscheinen so anmaßend oder inkompatibel mit unserer Konditionierung, dass die innere Stimme als etwas völlig Fremdes abgespalten wird. Es ist leichter, provokante Antworten zuzulassen, wenn man die Quelle außerhalb der eigenen Persönlichkeit sieht, was ein natürlicher Schutz vor Schizophrenie und sozialer Abgrenzung ist. Diese Trennung wird meist deutlich vollzogen, wenn in Visionen fremde Geister, Wesenheiten, Verstorbene oder Götter zu einem sprechen. Die Grenzen zum Aberglauben oder zum Pathologischen können dabei fließend sein.

So wie uns die Träume im Schlaf helfen, die Erlebnisse des Tages zu verarbeiten, so helfen uns auch Vorstellungen von metaphysischen Gesetzen und religiösen Konzepten, um mit nicht erklärbaren Erlebnissen umgehen zu können. Die Formen sind in jeder Kultur anders, aber das psychische Prinzip dahinter ist gleich. Es ist also durchaus gesund, eine gewisse Spaltung in der eigenen Ent-wicklung zu durchlaufen, denn so können wir uns erst des Einsseins gewahr werden. So wie ein Spiegelbild uns in zwei trennt und dennoch erst zeigt, wie wir aussehen.

Im Erkennen stellt unsere eigene Reflexion keinen Widerspruch mehr da. Der Moment des Erkennens ist vergleichbar mit dem Moment, in dem in einem dunklen Raum das Licht eingeschaltet wird. Die Suche nach der Tür erübrigt sich, einfach weil man sieht, wo sie ist. Die Entscheidung durch die Tür zu gehen, und die Konsequenzen, die das mit sich bringen mag, werden einem jedoch durch das Erkennen nicht genommen.

So erhellen sich in der Kontemplation nur die Räume, deren Erkenntnisse einen nicht überfordern. Für Themen, die man noch nicht bereit ist zu betrachten, wird auch kein Licht angehen. Erst wenn die Sehnsucht nach dem „Erkennen wollen" größer ist, als die Schmerzen, die es vielleicht kosten mag, den Illusionen ins Auge zu schauen, erst dann ist ein Moment für eine Offenbarung gereift.

Kontemplation greift die Funken der Inspiration auf, um sie in eine für den Verstand greifbare Form zu gießen. Sie hilft, Druck aus Situationen zu nehmen, sodass eine leichtere, distanziertere Betrachtungsweise, von dem was ist, möglich wird.

Kontemplation bedeutet in sich selbst den Raum zu schaffen, in dem das Erkennen einer höheren Wahrheit möglich wird.

## 4. DIE METHODE DES KONTEMPLIERENS

DIE HIER BESCHRIEBENE KONTEMPLATIONSMETHODE mag sich von traditionellen oder anderen Formen der Kontemplation unterscheiden. Wie auch bei den Meditationen gibt es aus den verschiedensten Traditionen und Schulen unterschiedliche Schwerpunkte und Herangehensweisen. Es war mir ein Anliegen diese Methode mit möglichst wenigen konzeptionellen und inhaltlichen Vorgaben zu beschreiben. Meine Methode ist einfach und zeitlich begrenzt, sodass sie für jeden leicht zu praktizieren ist. Die zeitliche Begrenzung hilft, das Bewusstsein möglichst direkt auf den Punkt einer Betrachtung zu lenken und ein längeres Abschweifen der Gedanken zu vermeiden.

Die Dauer einer Kontemplation bestimmt nicht die Tiefe der Betrachtung.

### DER ÄUSSERE BEOBACHTUNGSRAUM

Bevor du mit dem Kontemplieren beginnst, sorge für einen äußeren und inneren Raum der Achtsamkeit!

Suche dir einen schönen, ruhigen Platz an dem du während der Übung nicht gestört wirst. Um deiner Kontemplation einen besonderen Rahmen der Wertschätzung zu geben, gestalte dir einen speziellen Platz, indem du ihn z. B. mit Blumen, Kerzen, Räucherwerk, Statuen oder Bildern ausschmückst, so wie du es gerne magst. Es sollte sich darin die besondere Bedeutung und Achtung widerspiegeln, mit der du in die Kontemplation gehst, denn es beeinflusst das Ergebnis. So wie man ein gutes Essen genießen und wertschätzen kann, wenn man es in einem besonderen Rahmen zelebriert, so offenbaren sich auch die innere Qualität einer Beobachtung und die feinen Nuancen beim Kontemplieren erst in einem Rahmen persönlicher Achtsamkeit. Eile und Zeitdruck sind beim Kontemplieren hinderlich.

Vorzugsweise sitzt du für die Kontemplation am Boden, auf einem Meditationskissen, in aufrechter wacher Haltung. Für die Notizen brauchst du Stift, Papier und Klemmbrett oder ein schönes Notizbuch, das du nur dafür verwendest. Ein kleiner Hocker als Unterlage kann das Schreiben erleichtern. Wenn du es vorziehst auf einem Stuhl am Tisch zu sitzen, vermeide den Schreibtisch, der mit Arbeitspapieren und stressbesetzten Erinnerungen beladen ist. Sorge dafür, dass dein Tisch speziell für die Kontemplation eingerichtet ist.

### NOTIZHEFT UND TIMER

Nun schreibe deine Frage in dein Notizbuch. Damit du bei deiner eigenen Kontemplation nicht auf den Zeitrahmen achten musst, ist es hilfreich, dir dafür eine CD mit dem Ton einer Zimbel oder einem Gong aufzunehmen, die den Beginn der Einstimmung anzeigt und dann nach drei Minuten den Beginn der Kontemplation ankündigt sowie nach weiteren sieben Minuten das Ende der Kontemplation verlauten lässt. Bei längeren Kontemplationsphasen kann man leicht ins Grübeln geraten oder auf den Wellen der Gedanken aus der Gegenwart getragen werden.

### DER INNERE BEOBACHTUNGSRAUM

Für den inneren Raum der Achtsamkeit suche in deiner Vorstellung einen „inneren Tempel" auf, einen für dich ganz besonderen Ort. Dabei benutzt du alle Sinne, sodass du mit diesem Ort Bilder, Klänge, sensorische Eindrücke sowie einen Geruch und einen Geschmack verbinden kannst. Sich auf diese Weise einen inneren Ort zu installieren, ist eine der ersten Übungen.

Vielleicht brauchst du einige Versuche, bis du dir deinen inneren Beobachtungsraum mit allen Sinnen eingerichtet und ausgeschmückt hast und ihn in deiner Vorstellung jeder Zeit wieder aufsuchen kannst. Ein solcher innerer Ort hilft dir, nicht ins Tagträumen abzuschweifen. Er bietet dir einen persönlichen, heiligen Schutzraum, in dem du alle Fragen und Anliegen vorbringen kannst und in dem du den Antworten und Erkenntnissen, die sich dir zeigen, vertrauen kannst.

### THEMA, FRAGE SUCHEN

Betrete diesen Raum so neutral wie möglich, mit einer Offenheit für was immer sich offenbaren oder auch nicht offenbaren mag. Du kannst dir vorstellen, dass du durch eine Dekontaminierungs-Schleuse für die eigenen Erwartungen gehst. Denn so wie mitgebrachte Bakterien oder Staubpartikel die Forschungsergebnisse in einem Hightechlabor fälschen oder beinträchtigen können, so ist es mit Erwartungen und Vorurteilen, die man mit in den Beobachtungsraum der Kontemplation hineinnimmt. Es ist klar, dass niemand frei davon ist. Aber für eine neutrale Beobachtung ist es hilfreich, die eigenen Erwartungen zu bemerken und, wenn möglich, für die Kontemplation beiseite zu stellen. Sobald du deinen inneren Tempel aufsuchst, beginnt eine Versenkung, mit der du dich auf die Kontemplation einstimmst.

Du richtest die Aufmerksamkeit von der Außenwelt nach innen, lässt, wenn möglich, alle Anspannungen los und nimmst ein, zwei tiefe Atemzüge zum Ankommen.

Wenn du dich in deinem inneren Tempel orientiert hast, indem du durch alle fünf Sinne gegangen bist, nimmst du dort Platz und stellst deine Frage. Am besten ist es, wenn du deine Frage laut aussprichst. Die ersten ganz spontanen Eingebungen und Eindrücke geben meist die konkretesten Hinweise zu deinem aktuellen Thema

Achte darauf, dass du nicht vor der eigentlichen Kontemplationsphase über die Frage oder Antwort nachdenkst! Stelle die Frage erst nachdem der Ton den Beginn signalisiert. Dann notiere spontan ohne Zensur sofort alles, was auftaucht; entweder in Stichworten, Beschreibungen oder auch mit Zeichnungen.

Manche Antworten kommen in ganz klaren Aussagen und manche als Stimmungen, Gefühle, Szenen oder Bilder, die sich besser in Stichworten festhalten lassen. Versuche während des Kontemplierens nicht über Bedeutung, Wert oder den Sinn der Dinge nachzudenken. Bleibe einfach neutral und empfänglich für alles, was da kommen mag. Wenn du bemerkst, dass du zu weit abschweifst oder ins Tagträumen verfällst, dann stelle deine Frage einfach erneut, ohne dich dafür zu verurteilen. Erzwinge nichts und verdränge nichts beim Kontemplieren! Beobachte wie ein unbeteiligter Zeuge, was auftaucht und mache dir dazu Notizen.

Mit dem Thema und der konkreten Frage beschäftigst du dich vor der eigentlichen Kontemplation. Ist dir die Frage noch nicht klar oder kannst du das Thema noch nicht genau formulieren, dann beginne mit einer vorbereitenden Kontemplation. Dabei werden noch keine Notizen gemacht.

Beginne, wie beschrieben, mit der Einstimmung und anstelle der Frage, beobachte nur, was sich in der Kontemplation durch freies Assoziieren vor deinem inneren Auge abspielt. Erst danach machst du dir Notizen von dem, was aufgetaucht ist. Selektiere dann aus den Eindrücken das Thema heraus, mit dem du dich beschäftigen möchtest und formuliere deine Frage.

Eine andere Art der Vorbereitung ist es, sanft in ein Kerzenlicht zu schauen, und um Offenheit und Verständnis zu bitten. Du sagst dann laut: „Ich bitte darum, offen zu sein und Verständnis zu erlangen" – dann gehst du in deinen inneren Tempel und fragst: „Was ist gerade mein Thema?" oder „Wie lautet meine Frage?"

### EIN THEMA VERTIEFEN

Nach einer Kontemplation kannst du immer noch einen Schritt tiefer in dein Thema eindringen, indem du wiederum aus den Notizen heraussuchst, was der zentrale Punkt ist und daraus dann eine weiterführende Frage formulierst. Wenn sich mehrere bedeutende Aspekte eines Themas offenbart haben, kannst du sie einen nach dem anderen in weiteren Kontemplationen verfolgen, bis du merkst, dass du das Thema durchdrungen hast und zum Kern der Sache vorgedrungen bist.

In der Regel ist die Grenze der Aufnahmekapazität nach vier Kontemplationen erreicht. Es ist besser aufzuhören, bevor du eine Erschöpfung spürst. Wenn du mehrere Kontemplationen hintereinander machst, kannst du die Einstimmungsphasen auch kürzer halten, aber zu Beginn ist es gut, dir etwas Zeit zu geben, um ruhiger zu werden und in dir anzukommen.

### SELBST FRAGEN DES ALLTAGS MIT HINGABE STELLEN

Mit der Kontemplation kannst du auch Lösungen und Antworten für Alltagsprobleme finden. In jedem Fall sind die Ergebnisse wertvoller als sorgenvolles Grübeln. Allerdings kannst du dabei auf tiefer liegende Thematiken stoßen, für die du eine gewisse Neugier brauchst, damit dich der Sog der Ablenkung nicht gleich wieder von deinem Thema wegführt, und dich eventuell auftauchende, subtile Ängste nicht gleich in die Flucht schlagen.

Kontemplation funktioniert nicht, wenn man sie mal eben schnell noch praktizieren möchte, wenn man quasi in Gedanken schon beim nächsten Termin ist. Auch wenn eine Kontemplation nicht lange dauert, bedarf sie deiner vollen Hingabe und Aufmerksamkeit.

Manchmal ist es nur der Blick aus einer anderen Perspektive, der alles verändern kann und den fehlenden Hinweis gibt, wie man mit einem Problem effektiver umgehen kann. Die richtige Erkenntnis muss nicht das Ergebnis einer langen komplizierten Suche sein und viele Lösungen liegen gar nicht in der Entschlüsselung eines großen Rätsels, sondern oft trifft dich das Erkennen beim Kontemplieren ganz plötzlich und unerwartet aus dem Offensichtlichen. Du fragst dich dann, wie du es nur die ganze Zeit übersehen konntest. Ähnlich dem Moment, bei dem man die gesuchte Brille plötzlich auf der eigenen Nase bemerkt.

### FORSCHUNGSREISE

Eine andere Form der Kontemplation besteht darin, eine Art Forschungsreise zu einem Thema anzutreten, das einem wirklich am Herzen liegt. Dazu wird eine zentrale Frage immer und immer wieder neu gestellt. Du legst zuvor fest, wie oft du Kontemplieren möchtest – ob täglich oder wie oft pro Woche – und dann gehst du immer mit der gleichen Frage in die Kontemplation. Dabei kommen unterschiedliche Aspekte zu Tage und manche wiederholen sich. Je länger du ein Thema so betrachtest, desto größer wird das Verständnis dafür.

Bei vielschichtigen Themen verfolge nach und nach die Querverweise (alle Aspekte, die im Zusammenhang mit dem eigentlichen Thema auftauchen). So gehst du auf die verschiedenen Punkte, die sich zu einer Frage offenbaren, nacheinander ein, mit je einer neuen Frage zu jedem Aspekt. Wenn sich daraus wieder neue wichtige Hinweise ergeben, verfolge auch diese weiter. Dabei wähle intuitiv aus, was du weglässt, was du weiter erforschst und in welcher Reihenfolge du vorgehst. Lies dir die Notizen nach der Kontemplation durch und lasse alles auf dich wirken. Dann wirst du merken, in welche Richtung es weitergeht und was die nächste Frage ist.

Viele bedeutende Erkenntnisse verlieren sich in der Flut von Bildern und Informationen und geraten dann in der Geschäftigkeit des Alltags wieder in Vergessenheit. Deshalb lohnt es sich die Notizen durchzulesen und dann abzutippen oder abzuschreiben, um den Faden der inneren Entwicklung immer wieder aufzunehmen. Besonders bei den Erkenntnissen, die für dein Leben eine zentrale Rolle spielen, ist es sehr hilfreich, sich diese immer mal wieder ins Bewusstsein zu rufen.

Dinge, die intensiv und mit vielen Sinneseindrücken erlebt werden, prägen sich besonders gut ein. Alte oft hinderlich gewordene Strukturen haben schließlich auch ihre Zeit der Wiederholungen gebraucht, um Teil des inneren Systems zu werden. Wie ein Same braucht auch eine neue Erkenntnis fruchtbaren Boden, regelmäßig Wasser (Aufmerksamkeit) und Geduld, um erblühen zu können.

Es ist gut zu wissen, dass die Integration und die Umsetzung der Erkenntnisse oft eine gewisse Zeit brauchen. Zwischen dem Erkennen und dem Verwirklichen liegen manchmal Welten. Aber erst durch das tiefe Verstehen kann der Bachlauf der Gewohnheit einen neuen Weg finden. Und manche Erkenntnisse müssen dafür auch öfter erfahren werden. Neue Bewegungen können wir z. B. auch erst dann erlernen, wenn wir uns den Ablauf im Geiste mehrmals genau vorgestellt haben.

## HAUSPUTZ DER GEFÜHLE

Eine weitere, sehr konkrete Kontemplationsmethode in drei Stufen besteht in einer Art Hausputz der Gefühle. Gedanken und Gefühle sind eng miteinander verknüpft und lösen sich gegenseitig aus! Durch diese Methode werden die persönlichen Verknüpfungen und Konditionierungen bewusster und neue Wahlmöglichkeiten entstehen. Es ist leichter diese Befragungen zu machen, wenn du nicht von intensiven Gefühlen aufgewühlt bist.

**In der ersten Stufe wird allgemein gefragt:**
· Welche Gefühle machen mir das Leben schwer?

**In der zweiten Stufe wird ein Thema nach dem anderen mit der Frage konfrontiert:**
· Welche Gedanken lösen dieses Gefühl aus?

**In der dritten Stufe wird danach gefragt:**
· Welche Gedanken lösen statt dessen Gefühle aus, die sich gut anfühlen?"

### EINLASSEN AUF DIE KONTEMPLATION

Wenn du entscheidest dich tiefer oder regelmäßiger auf das Kontemplieren einzulassen, ist es hilfreich, gleich zu Beginn die Frage zu stellen: „Warum sollte ich mich überhaupt auf das Kontemplieren einlassen?" und dir zuvor einen realistischen Zeitrahmen für den ersten Kontemplationszyklus zu überlegen, an den du dich halten möchtest (z. B. 10 Minuten pro Woche, für drei Monate).

Die Teilnahme an einem Kontemplationskurs kann dich beim Einstieg unterstützen, denn es ergeht fast jedem so, dass er dabei an Punkte stößt, an denen er keine Lust oder „keine Zeit" mehr hat, weiter zu schauen. Die innere Befindlichkeit ist nicht immer gleich und verführt einen gerne, bei schlechter Stimmung anderen Impulsen zu folgen. Allein die Vorstellung sich Zeit für innere Betrachtungen zu nehmen, löst bei den meisten keine Begeisterung aus. Auch wenn man hinterher froh ist, es gemacht zu haben.

Es besteht auch die Gefahr, die Methode zu verwässern, wenn man den Rahmen der inneren und äußeren Achtsamkeit vernachlässigt. Zum Beispiel wenn man anfängt, mal eben nebenbei einen kontemplativen Dialog zu starten und dabei immer häufiger in das normale Nachdenken abgleitet. Es kann passieren, dass du die eigene Quelle verunreinigst, wenn du halbherzig eine innere Befragung anfängst, dir keine Ruhe dafür nimmst oder sonst wie die Achtung vor deiner inneren Weisheit aus den Augen verlierst.

Manche Themen sind unangenehm, sodass du sie vielleicht lieber gar nicht erst so genau betrachten möchtest. Wenn du bereit bist, dich einem Thema zu stellen, dann ist eine klare Entscheidung, ein Ja dafür wichtig, damit nicht wieder auf halbem Wege, die Stimmen der Selbstzweifel dich korrumpieren. Disziplin hilft, dennoch ist es wichtig, sich nicht zum Kontemplieren zu zwingen. Sich zu erinnern, dass man beschlossen hat einen Kontemplationszyklus durchzuführen, kann helfen am Ball zu bleiben.

**Der Kontemplationsprozess** vollzieht sich in vier Schritten:

**Betrachten** · von dem was gerade für dich wichtig ist.

**Erkennen** · des zugrunde liegenden Zusammenhangs, Ursachen und Möglichkeiten.

**Resultieren** · Verwirklichung von dem, was stimmig ist; die praktische Anwendung der Erkenntnisse.

**Loslassen** · entspannen mit dem was ist. Befürchtungen und Wünsche treten zurück, wenn sie geklärt und durchschaut wurden.

## 5. EINSTIMMUNG - VERSENKUNG

EIN ZUSTAND DER VERSENKUNG WIRD SOWOHL IN DER Meditation wie auch in der Kontemplation genutzt, um sich die tieferen Ebenen des Seins und des Erkennens zu erschließen. Versenkung bedeutet zunächst, dass du einen Raum aufsuchst, indem du dich von intensiven Außenreizen abgrenzen und zur Ruhe kommen kannst, in dem sich der Geist beruhigt und sich eine wache Entspannung ausbreitet. Versenkung ist ein „bei sich sein" und wird meist von einem angenehmen Körpergefühl begleitet. Du wirst „stiller" und löst dich ein Stück von emotionalen Verstrickungen. Starke Wünsche und Absichten treten in den Hintergrund. Das problemorientierte Denken und das Gefühl, etwas tun bzw. erreichen zu müssen, wird einer eher passiven, rezeptiven inneren Haltung weichen. Versenkung hat die Funktion, die Orientierung der Sinne nach außen zu reduzieren und die Aufmerksamkeit nach innen zu lenken. Automatische Reaktionsmuster die normalerweise durch die Verbindung von Gedanken und Gefühlen stimuliert werden, beruhigen sich.

In einem Zustand, in dem die Emotionen nicht die Aufmerksamkeit dominieren, ist ein neutraleres bzw. objektiveres Betrachten möglich. Dieser Zustand wird durch Üben immer leichter und kann später beim Kontemplieren relativ schnell erreicht werden.

Schwieriger ist es, wenn du unter Zeit-druck stehst, körperliche Schmerzen hast, dich in Situationen befindest, die dir große Spannung bereiten oder du von Emotionen aufgewühlt bist.

Leichter ist es, wenn du zunächst für äußere Rahmenbedingungen sorgst, die Entspannung zulassen. Aufgestaute Emotionen bzw. innerer Druck lassen sich durch sportliche Aktivitäten abbauen. Der Adrenalinspiegel sinkt und das Gefühl der Alarmstimmung nimmt ab, wenn man sich körperlich austobt. Wer, im übertragenen Sinne, in einem brennenden Haus sitzt, hat auch nicht den Raum für Versenkung. Das bedeutet, dass bestimmte unerledigte Dinge einen so vereinnahmen können, dass es Sinn macht, sie vorher zu erledigen, um nicht das Gefühl zu haben, auf glühenden Kohlen zu sitzen. Allerdings kannst du auch leicht so viele unerledigte Dinge finden, dass du die Zeit, die du dem eigenen inneren Raum widmen möchtest, immer wieder aufschiebst.

Für den äußeren Rahmen bedeutet es, mögliche Störquellen auszuschließen, also z. B. das Telefon abzustellen, die Kinder von jemand anderem beaufsichtigen zu lassen oder ähnlich praktische Dinge. Für deinen Körper sollte auch gesorgt sein. Achte darauf, dass dir warm genug ist, dass du nicht hungrig und nicht übersättigt bist. Finde für dich eine bequeme Sitzhaltung.

In vielen Meditations- und Kontemplationstechniken werden Rituale benutzt, um leichter an das Gefühl der Versenkung anknüpfen zu können, z. B. Mantren rezitieren.

Auch Atemübungen können helfen in einen anderen inneren Zustand zu kommen (z. B. tiefes, langsames Aus- und Einatmen). Ein Zustand der Versenkung ist auf jeden Fall entspannend und wirkt ausgleichend auf das „Nervenkostüm" bzw. die Gefühlswelt. Neben dem Schlaf haben sich die Menschen schon immer Methoden zur inneren Reorganisierung gesucht, sie beinhalten immer eine gewisse Form der Versenkung.

Die Einstimmungsphase für die Kontemplation ist ca. drei Minuten und beginnt, nachdem du für deinen äußeren Kontemplationsraum gesorgt und vielleicht eine Kerze entzündet hast. Du legst die CD ein, welche die Kontemplationsphase und das Ende anzeigt, hast dich mit deinem Kontemplationsbuch niedergesetzt und schreibst deine Frage auf. Dann startest du die CD und schließt die Augen. Wenn der erste Gong ertönt, beginnt deine Versenkungsphase. Nehme ein, zwei tiefe Atemzüge und lasse mit jedem Ausatmen alle Spannungen von dir abfallen.

Lenke deine Aufmerksamkeit nach innen, indem du deinen inneren Tempel aufsuchst. Stell dir vor, dass du – so wie die Asiaten ihre Schuhe vor der Tempeltür abstellen – auch deine Erwartungen und Vorurteile vor der Tür lässt. Wenn du deinen inneren Raum betrittst, gehe dabei durch alle fünf Sinne, so dass du dir über alle Wahrnehmungskanäle einen Eindruck von deinem inneren Beobachtungsraum machst. Schaue, ob sich heute etwas verändert hat, was für ein Licht heute ist, ob es Tag oder Nacht in deinem Tempel ist. Wie fühlen sich die Dinge an? Fühle die vertraute Atmosphäre, lausche, ob du etwas hören kannst oder wie du die Stille erlebst. Wie duftet es? Schau, ob etwas zu Essen oder zu Trinken da ist, das dir einen geschmacklichen Eindruck von deinem Aufenthalt geben kann. Nachdem du alle Sinneseindrücke wahrgenommen hast, lasse dich mit einem Gefühl der Achtung in deinem inneren Tempel nieder, nehme einen tiefen Atemzug und nachdem der nächste Gong ertönt, stelle deine Frage.

Versenkung kann übrigens auch zur Vermeidung benutzt werden. In einem angenehmen, entspannten Zustand neigt der Geist auch dazu, sich in Tagträumen zu verlieren. So wie du Zerstreuung beim Geschichten lesen oder Filme schauen finden kannst, so kannst du dich auch in einem Zustand der Versenkung von deinen Gedanken forttragen lassen und wirst dies als angenehmer empfinden, als die Themen deines Leben zu betrachten, die nach einer Klärung rufen. Deshalb wird in der Kontemplation der Geist in den inneren Tempel gelenkt.

So ist es nicht immer einfach zu bemerken, an welchem Punkt der Versenkung eine Vermeidung einsetzt. Vermeiden kann man das Vermeiden nicht. Du kannst dich im Grunde nur ab und zu selbstkritisch beobachten, um es zu bemerken. Die Tür der Erkenntnis schwingt nach innen auf, sich dagegen zu stemmen, hilft leider nicht.

## 6. WERTFREIES BETRACHTEN

EINE ZENTRALE SÄULE DES KONTEMPLIERENS IST das wertfreie Betrachten. Es stärkt die intuitive Wahrnehmung und öffnet das Bewusstsein für Neues. Dabei hilft es, sich um eine innere Haltung zu bemühen, die frei von Vorurteilen und Erwartungen ist. Allein dieses Üben hat eine enorm transformierende Wirkung.

Unser Geist ist darauf trainiert, im Alltag blitzschnell Situationen und Menschen einzuschätzen und zu bewerten, um Gefahren abzuwehren und schnell reagieren zu können. Beim Kontemplieren ist dieser Reflex aber hinderlich, weil er die Impulse des Unbewussten vorschnell zensiert und aussortiert, bevor das Erkennen von verborgenen Zusammenhängen geschehen kann. Spielerisches freies Assoziieren ist hilfreicher als vorschnelles Einordnen des Erlebten. Sinnlos erscheinende Dinge werden sonst vorschnell aus dem Bewusstsein aussortiert. Alles Denken und Beobachten unterliegt für gewöhnlich einer inneren Zensur. Das ist von der Natur so eingerichtet, um aus der Flut der Informationen, die im Gehirn verarbeitet werden müssen, diejenigen herauszufiltern, die verwertbare Schlussfolgerungen zulassen. So wird z. B. das Rauschen des Blutes in unserem Kopf, das wir eigentlich hören können, herausgefiltert, weil sich aus dieser ständigen Geräuschquelle keine hilfreichen Informationen ableiten lassen. Wenn wir dagegen in einem stillen Wald einen Ast knacken hören, hat die Information dieses Geräusches Priorität, weil es eine Gefahr anzeigen könnte, der man so durch rechtzeitige Flucht entkommen könnte.

Alle Informationen werden in unserem Gehirn nach ihrer Wertigkeit in Bezug auf Überleben und Wohlbefinden verarbeitet. Informationen sind für uns also nicht neutral, sondern mit mehr oder weniger starken emotionalen Wertigkeiten verknüpft, die das Betrachtete einfärben. Jede Wertung verändert das Betrachtete! Es gibt verschiedene Filter, mit denen wir Informationen selektieren und verarbeiten. Die meisten funktionieren automatisch, aber auf einige können wir Einfluss nehmen.

Empirische Schlussfolgerungen beziehen sich auf die Wahrscheinlichkeit, dass sich oft erlebte Dinge auch weiterhin wiederholen werden. Kulturell erlernte Bewertungskriterien sind besonders subtil und machtvoll, weil die ersten Erfahrungen im Kindesalter gespeichert werden, noch bevor wir selbstständig in Sprache denken können. Bestimmte Schlüsselerlebnisse, die emotional intensiv erlebt wurden, können die Sicht auf das Wesen einer Sache behindern, weil sie mit einer alten Erfahrung assoziiert werden und zu dominant sind.

Ohne die gewohnte emotionale Bewertung kann die Betrachtung relativ unspektakulär wirken, obwohl sie dennoch etwas Besonderes ist. Auch wenn spontan alle inneren Impulse bei jeder Betrachtung nach „nützlichen" Informationen streben, wird nur eine neutrale Beobachtung auch den tieferen Kern einer Sache erfassen. Ein wertfreies Betrachten zu üben, ist der Schlüssel für das Erkennen von etwas Neuem.

Interessant ist es, wie das Wertempfinden in uns überhaupt entsteht. Wodurch bekommt für uns etwas seinen Wert? Warum hat Gold einen höheren Wert als Kieselsteine? Wir sind gewohnt den Wert einer Sache aus einem Vergleich abzuleiten und durch seine Begrenztheit zu definieren. Wie oft erleben wir z. B. den Wert der Luft, die wir ständig atmen? Ihr Wert wird uns erst dann bewusst, wenn eine Mangelsituation entsteht. Und selbst unserer Lebendigkeit werden wir uns erst dann umso intensiver gewahr, wenn uns die Sterblichkeit und Vergänglichkeit vor Augen geführt wird. Wertigkeit kann nur aus einem Vergleich entstehen. „Mehr als ..., schneller als ..., stärker als ..., attraktiver als ..., reicher als ... Oder auch: weniger als ..., kleiner als ..., schlechter als ..." usw. Ohne Vergleichsgröße sind die Dinge einfach nur wie sie sind!

Für gewöhnlich braucht es einige Zeit der Übung, bis sich eine relativ neutrale Betrachtung einstellen kann. Du wirst dich besonders am Anfang oft daran erinnern müssen, dich selbst, das Erlebte und die Antworten beim Kontemplieren nicht sofort zu be- oder verurteilen. Ganz automatisch setzt die Gewohnheit des Wertens ein und Sätze tauchen auf wie z. B. „Ich habe nicht richtig kontempliert" oder „Was mir da in den Sinn gekommen ist, hat hier nichts zu suchen", „Ich hätte besser den Punkt finden müssen", „Ich bin in diesem oder jenem nicht gut genug". Nimm diese

Wertungen einfach nur wahr. Sie wahrzunehmen ist der einzige Weg, die Macht ihrer automatischen Reaktion zu durchbrechen. Wert freies Betrachten zu üben, bedeutet nicht, dass du deine Kritikfähigkeit verlierst und allem gegenüber neutral wirst. Es bedeutet nur, dass du dich während des Beobachtens für unbekanntes, neues Wissen öffnest und nicht nur alte Denkschemata wiederholst.

Nach jeder Kontemplation kannst du natürlich auch wieder jedes betrachtete Thema neu bewerten, es ablehnen oder anders wertschätzen. Es geht nicht darum, deine persönlichen Vorlieben oder Abneigungen loszuwerden, sondern sie zu verstehen. Die eigenen Wertungen und Beurteilungsmechanismen zu erkennen, ist ein ganz entscheidender Teil der Kontemplation, weil sich die besondere Qualität der Intuition erst entfalten kann, wenn sie nicht ständig zensiert und bewertet wird.

Die Intuition ist anfangs wie ein kleines Kind, das mit einem ersten selbstgemalten Bild ankommt und wenn es dann zu hören bekommt: „Was soll das denn sein? Das kann man ja gar nicht richtig erkennen", wird es bald aufhören, Bilder zu malen. So wird auch die Stimme der Intuition verstummen, wenn sie immer sofort kritisch bewertet wird. Mir scheint, dass besonders in der deutschen Kultur eine sehr strenge Selbstzensur verbreitet ist und dass es für uns nicht leicht ist, die innere sensible Stimme unbewertet zu Wort kommen zu lassen. Wir haben verinnerlicht, dass „müsste und sollte, richtig und falsch, Korrektheit und Effizienz", Priorität haben.

## 7. DIE KUNST DES FRAGENS

WENN WIR IN DER KONTEMPLATION FRAGEN STELLEN, werden die Themen der Beobachtung konkretisiert. Schritt für Schritt, Frage für Frage können wir uns so ein komplexeres Verständnis von den Dingen im Leben erlangen, die uns beschäftigen. Durch konkrete Fragen zu den eigenen Problemen und Herausforderungen des Lebens können wir sehr individuelle Antworten in uns finden. Aber genau genommen liegt der eigentliche Wert des Kontemplierens nicht in den richtigen Fragen und Antworten, sondern im Zustand des Erkennens der dabei entsteht. Dieser feine Unterschied mag zunächst etwas erstaunen, weil Fragen auf möglichst gute Antworten und ihren Nutzen abzielen, und nicht auf den Zustand, den sie bewirken können. Dies zeigt die enge Verwandtschaft zur Meditation.

Antworten, deren Qualität sich auf die Ebene der Information beschränken, sind für die innere Entwicklung weniger bedeutend als Antworten, die auch das Herz und die Seele berühren. Eine Erkenntnis wirkt sich auf das ganze System aus, selbst wenn sie irrational ist. Rein informelle Daten bleiben in der Welt des Abstrakten. Informationen, die nur den Intellekt berühren, führen zu immer neuen Fragen und diese führen wieder zu neuen Informationen und so weiter. Für ein Verstehen auf seelischer Ebene, reichen Informationen nicht.

Neben der inhaltlichen Frage spielt deine Intention eine wichtige Rolle. Die Intention einer Frage ist für das, was am Ende herauskommt, wichtiger als die Frage selbst. In einer zwischenmenschlichen Kommunikation wird die Qualität der Beziehung durch die Absichten, Erwartungen und die innere Haltung der Beteiligten bestimmt. Was inhaltlich gesagt wird ist zweitrangig. So ist die Intention mit der du in den inneren Dialog gehst, auch beim Kontemplieren von Bedeutung.

Das Vertrauen und die Achtung, die du deiner inneren Weisheit beim Fragen entgegenbringst, bestimmt die Qualität der Antwort, die du empfangen wirst. Die Quelle, die wir in der Kontemplation befragen, ist Teil von uns und ebenso Teil einer höheren Ordnung, in die wir eingewoben sind.

Zur Klärung von Themen gibt es zwei Fragerichtungen: die Erklärende und die Hinweisende. Die Formulierung der Frage bestimmt die Richtung. Ein „Warum" fragt nach Erklärungen, ein „Wie" zeigt neue Möglichkeiten. So kann man ein und dasselbe Thema unterschiedlich befragen, z. B. „Warum bin ich so vergesslich?" oder „Wie kann ich mich besser an die Dinge erinnern, die mir wichtig sind?" Manchmal ist es notwendig zu verstehen, wie etwas entstanden ist bzw. was die eigentlichen Ursachen für ein Phänomen sind, bevor du eine qualitative Veränderung einleiten kannst. Und manchmal ist es hilfreicher, nach neuen Möglichkeiten zu forschen und erst dann zu fragen, was dich unterstützen kann. Fragen haben ein größeres Potential, wenn du sie auch fühlen kannst.

Bei der Formulierung einer Frage kann man sich schnell in sehr abstrakte Konstruktionen verstricken. Die Frage muss nicht clever oder logisch sein. Viel wichtiger ist, dass der persönliche Bezug zum eigenen Leben in der Frage mit zum Ausdruck kommt. Wenn eine Frage den eigentlichen Punkt deines Anliegens trifft, spürst du eine gewisse Euphorie in dir aufsteigen.

### WO ENTSTEHEN DIE FRAGEN?

Fragen entstehen für gewöhnlich aus dem, was uns unvollkommen erscheint, aus Leid, aus Befürchtungen oder Ängsten. Aber auch Hoffnungen und Sehnsüchte fragen danach, wie sie erfüllt werden können.

Wer glücklich ist, fragt selten warum. Die erste Frage, die der Verstand automatisch bei der Registrierung von Leid stellt, ist: „Was ist die Ursache und wie kann das Leid vermieden werden?" Dies ist sozusagen die „Erste-Hilfe-Reaktion" des Verstandes. Ähnlich wie durch die Gerinnung des Blutes zunächst eine Wunde verschlossen wird, so ist der Verstand als erstes mit pragmatischen Lösungen beschäftigt. Für die Heilung brauchen die neu wachsenden Zellen dann aber auch die Information aus ihrem genetischen Code, welcher Endzustand erreicht werden soll. Entsprechend dieser Analogie muss der Verstand nach den „Erste-Hilfe-Maßnahmen" einen Idealzustand anstreben, für den er sich ein Modell sucht, eine positive Ausrichtung. Bei Fragen, die eine emotionale Brisanz mitbringen, ist es gut, sich zunächst etwas „abzukühlen", um die Frage offen und neu betrachten zu können.

Die Einsichten für eine angemessene Umgangsweise mit schwierigen Themen sind leichter zugänglich, wenn sich nicht mehr deine Energie und Aufmerksamkeit mit der Vermeidung beschäftigen muss. Je stärker die Intention der Vermeidung ist, desto mehr verstrickt man sich mit dem, was man eigentlich vermeiden möchte. Bei traumatischen Erlebnissen bleibt z. B. der Verstand in einer Wiederholungsschleife von Vermeidungsstrategien gefangen und eine Neuausrichtung wird so schwierig. Durch ein permanentes Abdecken einer Wunde kann sie auf Dauer aber nicht richtig heilen.

Zuerst wird also ermittelt, was die offensichtliche Ursache für den Schmerz bzw. das Leid ist und was, gemäß dem eigenen Erfahrungsschatz, am schnellsten Abhilfe schaffen kann. In Situationen, die eine Überforderung darstellen oder in denen sich keine Linderung finden lässt, kein Ausweg möglich scheint, leitet die Psyche eine Dissoziation (eine Abspaltung der Wahrnehmung) ein.

Notsituationen oder solche, die mit einer starken emotionalen Dringlichkeit erlebt werden, streben erst mal nach einer Vermeidung. Erst im neutraleren Zustand, ohne akuten Druck, kommt man in die Position, darauf lauschen zu können, wohin es stattdessen gehen soll, was einem das Herz sagt und was man eigentlich möchte. In emotionalen Notsituationen neigen wir zu Affekt- und Überreaktionen.

Diese entstehen durch Überforderung und Hilflosigkeit, nicht aus Böswilligkeit und führen leider dazu, dass man sich genau in die Konflikte verstrickt, gegen die man sich eigentlich wehren wollte. Wenn man z.B. Angst hat Fehler zu machen und sie unbedingt vermeiden möchte, kann das zu einer ungesunden Anspannung führen, die genau dazu führt, dass man Fehler macht.

Je konkreter eine aktuelle Frage in einer Kontemplation gestellt wird, desto spezifischer wird auch die Antwort sein, aber nur selten hat man die Frage klar vor Augen. Meist ist es ein Prozess bis man herausgefunden hat, welches die zentrale Frage in einem ist. Es ist von daher nicht nötig, gleich mit der „richtigen" Frage zu beginnen.

Du kannst damit beginnen, durch ein freies Assoziieren erstmal einen anspruchsfreien Raum zu schaffen, in dem Themen, Bilder oder Gefühle von alleine auftauchen können. Daraus kristallisiert sich dann etwas heraus, das zu einer Frage formuliert werden kann. Aus den Antworten oder Ergebnissen zeigt sich das dahinter liegende Thema. So werden die Fragen immer konkreter.

### WAS GESCHIEHT, WENN MAN EINE FRAGE ZU EINEM INNEREN ANLIEGEN STELLT?

Es öffnet sich ein Raum der inneren Aufmerksamkeit, in dessen Licht eine höhere Ordnung sichtbar werden kann. Eine Frage gibt dem Verstand die Erlaubnis, sich mit einer Sache zu beschäftigen. Gleichzeitig wird dabei die Kraft des

Beobachtens herausgefordert und Verknüpfungen zu ungeahnten Aspekten können sichtbar werden, die bisher im Unbewussten verborgen waren. Oft ist es gar nicht so leicht, eine konkrete Frage zu subtilen Gefühlen, einem beschämenden Thema oder diffusen Ängsten zu formulieren. Manche Themen lösen zunächst einen Fluchtreflex aus oder bei Überforderung eine Dissoziation. Hinzu kommt, dass so manche Antworten auch Änderungen oder Konsequenzen einleiten würden, die man unbewusst schon vorher scheut. So kann es vorkommen, dass einem die passende Frage einfach nicht einfallen will. Erkenntnisse lassen sich ohnehin nicht durch die Überwindung von Widerständen erzwingen, sondern entstehen aus Neugier.

In der Kontemplation werden keine Geister beschworen, mit denen man nichts zu tun haben will. Es zeigt sich nur das, was man auch bereit ist zu betrachten. Diese Betrachtung bedeutet auch nicht, irgendetwas tun oder ändern zu müssen. Durch das Erkennen eröffnet sich zunächst nur eine Wahlmöglichkeit. Was du daraus machst, steht auf einem anderen Blatt.

Erzwinge in der Kontemplation nichts. Wenn du eine innere Bereitschaft spürst, dich mit einem Thema beschäftigen zu wollen, dann kannst du das auch in kleinen Schritten tun. Du beginnst mit einer allgemeinen Frage, z. B. „Worum geht es mir bei diesem Thema eigentlich?" Auch kann es sehr hilfreich sein, wenn du abstrakte Themen oder Gefühle direkt in der zweiten Person ansprichst und befragst, z. B.: „Sorge, was willst du mir sagen?"

Dadurch entsteht eine gewisse Distanz und das Thema wirkt nicht so mächtig. Mit dem eigenen Körper oder einer Körperregion kannst du ebenso in einen Dialog treten und erstaunliche Antworten erhalten, die zur Heilung oder einem größeren Wohlbefinden beitragen.

Normalerweise stolpern wir beim Kontemplieren immer wieder über bestimmte Urthemen, wie dem Selbstwertgefühl, dem eigenen Selbstbild, Vertrauen, Angst, Glück, Leid oder Zukunftsfragen wie z.B.: „Wo und wie soll mein Leben weiter gehen?" Durch regelmäßiges Kontemplieren wird immer deutlicher, mit welchen alten Gewohnheiten wir selbst dazu beitragen, dass sich bestimmte Probleme immer wiederholen. In manchen Situationen bewirkt allein die Kraft des Erkennens direkt eine Veränderung. Wie das Beispiel von der kaputten Straße verdeutlicht: Stell dir vor, jemand geht mit verbundenen Augen auf einer Straße mit vielen Löchern. Immer wieder stolpert er, fällt hin und fügt sich Schmerzen zu. In dem Moment, in dem er von der Augenbinde befreit wird, erkennt er die Hindernisse. Sie sind zwar nicht verschwunden, aber durch das Sehen wird er jetzt ganz automatisch an ihnen vorbeilaufen.

Durch Kontemplation werden die Schattenseiten des Lebens natürlich nicht verschwinden, aber die hausgemachten Probleme werden weniger und für die Herausforderungen, die das Leben so oder so für uns bereithält, wird man einen angemesseneren Umgang finden. Die Kunst, Fragen zu stellen, ist ein zentraler Punkt dieser Kontemplationsmethode.

Sie durchbricht die Art des Denkens, die sich immer wieder im Kreis dreht und häufig nur Wiederholungen produziert. Sich wirklich auf eine Frage einzulassen bedeutet, Offenheit mitzubringen. Offenheit für eine Antwort, die du vielleicht überhaupt nicht erwartet hättest und sogar für die Konsequenzen, die sie mit sich bringen mag.

In unserem allgemeinen sprachlichen Umgang sind die meisten Fragen rhetorischer Art, was bedeutet, dass sie eigentlich gar keine Fragen sind, die wirklich nach einer Antwort suchen. Es sind Fragen im grammatischen Sinn, Satzkonstruktionen, mit deren Hilfe die Bestätigung einer schon festgelegten Antwort gesucht wird.

Z. B. die Frage: „Was soll das?", fragt nicht wirklich nach einer Antwort, sondern bringt ein Missfallen zum Ausdruck und will die rationalen Beweggründe des Befragten für sein Handeln kritisieren.

Rhetorisches Fragen wird benutzt, um die Aufmerksamkeit eines anderen zu bekommen, um das eigene Wissen unter Beweis zu stellen, um selbst interessanter zu wirken oder um Informationen für einen Wettbewerbsvorteil zu gewinnen. Nur selten fragen wir mit offenem Herzen nach einer Antwort. Diese Gewohnheit, Fragen zu benutzen, die eigentlich keine sind, macht es dann auch schwer, sich selbst gegenüber eine ehrliche Frage zu stellen. Außerdem bedarf es oft mehr Mut, sich dem Vakuum und der Unsicherheit des Nichtwissens zu stellen, als für die Bestätigung der eigenen bekannten Sichtweisen zu kämpfen.

Wenn man also beim Kontemplieren nach neuen Antworten und Erkenntnissen sucht, ist darauf zu achten, dass die eigenen Fragen wirklich offen formuliert sind und nicht festgelegte Annahmen in sich tragen, die nur nach einer Bestätigung suchen.

Und noch ein praktischer Hinweis: Wenn du eine Frage stellst, die mehrere Fragen impliziert, ist es besser, daraus auch mehrere Fragen zu formulieren und sie einzeln zu stellen. So können auch die Antworten spezifischer sein. Je treffender eine Frage gestellt wird, desto klarer werden die Antworten sein.

Suche nach der richtigen Frage, aber mach dir keinen Stress bei der Suche. Oft wird erst beim Kontemplieren klar, worum es eigentlich geht und dann lässt sich ein Thema immer noch konkretisieren. Ein Hinweis kann aber helfen: Das, was dir zuerst in den Sinn kommt, trifft meist den Kern des aktuellen Themas. Manche Fragen erledigen sich auch schon in dem Moment, in dem sie ganz klar formuliert werden.

Wenn du unvoreingenommen und neugierig nach einer Frage suchst, dann wird dir die Kontemplation weiterhelfen, egal ob du die Lösung für ein drückendes Problem suchst oder auf der Suche bist, dich selbst und das Leben besser zu verstehen. Irgendwann reift ein innerer Drang heran, „es wissen zu wollen", eine starke Neugier, bestimmte Dinge durchdringen zu wollen oder sogar eine Sehnsucht nach einem tieferen Verständnis der Mysterien des Lebens. Manche Erkenntnisse sind wie die Entdeckung eines großen Schatzes, und manche sind wie das Freilegen eines archäologischen Reliktes, dass sich nur Stück für Stück freilegen lässt und viele Grabungen braucht, um sein ganzes Geheimnis zu offenbaren. Durch das Fragen und Konkretisieren der Antworten hilft die Kontemplation dabei, die Denkprozesse zu durchbrechen, von denen wir selbst unbewusst gesteuert werden, sodass die „Kutsche wieder vom Fahrer gelenkt wird und nicht von den Pferden".

Hier ein paar Fragen und Antworten die in Kontemplationen zu dem Thema des Fragens aufgetaucht sind:

### Was soll ich weiter fragen?
· Sollen ist doch Quatsch.
· Eine echte Frage ist wie ein Drängen aus dem Inneren.
· Fragen kann man nicht erzwingen.
· Höre ganz leise auf dein Herz.

### Warum kommt mir keine Frage?
· Weil mich gerade kein Schuh drückt und ich nicht am suchen bin.
· Weil Fragen Probleme brauchen.
· Weil es Antworten geben könnte, die unangenehme Konsequenzen oder Umstellungen bedeuten könnten.
· Fragen sind nur dazu da, um dem Verstand einen Sinn zu geben.
· Keine Fragen haben, ohne wirkliche Stille in der Birne ist auch nix - also, weiter suchen.
· Ich will keine Antworten, ich will einen anderen Zustand!!!

**Ich frage nach einer Frage**
- Was bin ich bescheuert, es geht ja gar nicht um die Frage, sondern um die innere Aufmerksamkeit, in deren Licht eine höhere Ordnung sichtbar wird.
- Eine Frage gibt dem Verstand nur die Erlaubnis sich mit einer Sache zu beschäftigen und so wird er beschäftigt und die Kraft des Beobachtens wird herausgefordert.
- Ich werde jetzt einfach mal beobachten, was mir in den Sinn kommt, wenn ich den inneren Tempel betrete.

## 8. DAS DURCHDRINGEN VON BEGRIFFLICHKEITEN

EINE GROSSE HILFE BEIM KONTEMPLIEREN BESTEHT darin, zunächst die eigenen Fragen zu erforschen. Besonders wenn du beginnst, dich zentralen Fragen des Lebens zu widmen, durchdringe zunächst die Begrifflichkeiten, mit denen du dich beschäftigst. Im normalen Sprachgebrauch fällt es meist gar nicht auf, dass wir Worte gebrauchen, deren Bedeutungen uns in ihrer Vielschichtigkeit gar nicht bewusst sind.

Z. B. benutzen wir fast täglich das Wort „Zeit" in Sätzen wie: „Ich habe keine Zeit", „ich brauche mehr Zeit für mich", und so weiter. Zeit kann sich im Alltag als ein reales Problem darstellen. Wenn man das Phänomen genauer betrachtet, wird deutlich, dass Zeit nichts ist wovon man mehr oder weniger besitzen kann. Wenn man beschreiben soll, was Zeit ist, weiß man plötzlich gar nicht mehr, was real ist und was von uns nur ausgedacht ist. Und so verhält es sich mit vielen sehr elementaren Begriffen, die wir in der Alltagssprache benutzen ohne ihr Wesen durchdrungen zu haben.

Hinzu kommt, dass in jedem Wort noch viel mehr mitschwingt, als durch die linguistische Definition beschrieben werden kann. Ein tieferes Verständnis der abstrakten Begriffe, die wir gebrauchen, ist die Voraussetzung für ein Erkennen der Wahrheit dahinter.

Vor allem Begriffe, die versuchen, bedeutende Umstände, Zustände, Entwicklungen oder Erfahrungen des Lebens auszudrücken, sind ein fruchtbares Forschungsfeld.

Befrage zunächst jedes Wort einer zentralen Frage nach seiner Bedeutung. Dies kann unter Umständen zu einer ganz eigenen Entdeckungsreise führen, bevor die ursprüngliche Frage wirklich beantwortet werden kann.

Vielleicht empfindest du an diesem Punkt eine gewisse Ungeduld, da eine schnelle Lösung immer attraktiver erscheinen mag, aber in der Kontemplation wird man oft völlig unerwartet in bisher unbeachtete und unerforschte Gebiete vordringen. Es kann also mehrere Kontemplationen dauern, bis du die Begrifflichkeiten einer Frage durchdrungen hast. Manchmal löst sich die Frage sogar ganz auf, wenn du sie selbst genau hinterfragst.

Gerade die entscheidenden Begriffe im Leben sind so uneindeutig, vielschichtig und werden kulturell so unterschiedlich interpretiert, dass eine eigene Erforschung nötig ist, damit sich tiefere Erkenntnisse offenbaren können. Auch wenn schon hunderte Philosophen zu diesen Begriffen ganze Bücher gefüllt haben, sind die zentralen Lebensfragen rational immer schwer verstehbar geblieben und immer wieder Opfer von schönen Worthülsen geworden.

Beginne also damit, die einzelnen Bedeutungsinhalte einer Frage genauer zu befragen, indem du zu jedem wichtigen Wort eine Kontemplation machst. Notiere dabei alle Bilder, Gefühle und

Assoziationen, die in diesem Zusammenhang auftauchen. Dabei werden meist sehr viele Aspekte einer Sache deutlich, die du dann jeweils weiter verfolgen kannst. Es gibt Worte, die ein ganzes Universum von Bedeutungen in sich verborgen haben. Allein über den Gottesbegriff haben viele Mönche ein ganzes Leben lang kontempliert.

Hier ein Beispiel für eine Hintergrundforschung.

**Wie kann ich leichter freie Entscheidungen treffen?**
- Weil du vielleicht gerade mit Umständen oder Menschen beschäftigt bist, von denen du dich unangenehm fremdbestimmt fühlst.
- Dein Anliegen mag eventuell nur sein, diese Umstände oder Menschen zu meiden, aber in den Worten dieser Frage sind auch viel tiefer liegende Themen verborgen, die du dir Schritt für Schritt eröffnen kannst, indem du die Bedeutungen der Worte hinterfragst.

**Du würdest zunächst fragen:**
- Was bedeutet für mich leichter?
- Was ist Freiheit?
- Was ist eine freie Entscheidung?
- Wann weiß ich, dass ich sie gefunden habe?

**In dem Zusammenhang sind dann weiterführende Fragen relevant wie z. B.:**
- Wie oder wodurch erlebe ich Freiheit?
- Wie finde ich zu meinen eigenen Entscheidungen?

Du kannst die Beschreibung eines Wortes auch einfach im Lexikon nachlesen, in Suchmaschinen recherchieren, in welchen Zusammenhängen das Wort gebraucht wird oder welchen Ursprung es hat. Aber bedenke, solche Recherchen dienen nur zur Inspiration, nicht als fertige Antwort!

Beim Erlernen der Muttersprache beginnen wir bestimmten Lauten Bedeutungen zuzuordnen und lernen, sie zu wiederholen. Dabei war aber das Verständnis von abstrakten Begriffen nur soweit von Bedeutung, wie es uns hilfreich war, unsere Bedürfnisse genauer kommunizieren zu können. Später haben wir mit Hilfe unserer Sprache gelernt zu denken und haben dabei viele Begriffe übernommen, die wir nie genauer hinterfragt haben. Das ist ein Grund dafür, warum wir beim Nachdenken über bestimmte Probleme nicht immer zu einem tieferen Verständnis gelangen.

Oft sind auch Schlüsselbegriffe in uns mit negativen Gefühlen besetzt, einfach weil wir sie von Menschen gehört haben, die wir nicht mochten. Wenn bestimmte Begriffe von anderen benutzt wurden, um uns in ihrem Interesse zu beeinflussen, dann können die Begriffe für uns einen unangenehmen Beigeschmack haben.

Das Wort Verantwortung ist für viele mit „Pflicht" und „Last" negativ besetzt, weil uns in der Jugend gesagt wurde: „Du musst Verantwortung übernehmen, wenn ..." Dabei kann Verantwortung auch bedeuten, etwas mit Freude zu tun. Ein Essen zu kochen, auf das du gerade Lust hast, kann bedeuten, dass du für die Realisierung der

Idee, Verantwortung übernimmst. So gibt es sehr viele Beispiele von Begriffen, die uns begrenzen, weil wir uns ihre Bedeutung nicht selbst erschlossen haben.

Viele Erkenntnisse lassen sich auch nur indirekt durch Gleichnisse umschreiben. Oft stehen wir wie ein Kind vor einer neuen Erfahrung, für die uns einfach die richtigen Worte fehlen, und sind dann versucht, Sammelbegriffe zu benutzen wie z. B. „Liebe", die alles und nichts ausdrücken können. Beim Durchdringen der Begrifflichkeiten werden auch die Unterschiede zwischen der allgemein gebräuchlichen und der eigenen Deutung klar. Dies ist besonders für die Kommunikation mit anderen sehr hilfreich, denn wir sprechen häufig von unterschiedlichen Dingen, selbst wenn wir die gleichen Worte benutzen.

Für den Begriff der Freiheit ziehen seit Jahrtausenden Menschen in den Krieg und ich bezweifle, dass dies auch möglich wäre, wenn sie darüber kontempliert hätten, was Freiheit genau ist. Menschen kämpfen für den Frieden und töten für ihren Glauben. Mir scheint, dass so etwas nur möglich ist, wenn man den inneren Bezug zu der Wahrheit hinter den Begriffen verloren hat; wenn man „große" Worte automatisch benutzt. Dabei verschwimmt ihre Bedeutung. Es ist so, als ob man mit einer Währung bezahlt, die gar nicht mehr im Umlauf ist oder die völlig überbewertet wird und gar keinen realen Gegenwert mehr hat.

Wenn ich Nachrichten verfolge, scheint mir das ganze öffentliche Leben voll von Worthülsen zu sein. Wir werden mit schön oder schrecklich klingenden Begriffen konfrontiert, damit wir eine bestimmte Position einnehmen, aber nicht, um etwas zu verstehen.

Der Gebrauch von Begriffen, die nicht als Informationsträger im inhaltlichen Sinne benutzt werden, kann unser Verständnis für diese Begriffe sehr verwirren. Oft werden bedeutende Worte nur benutzt, um eine positive Aussage über die eigene Position zu machen.

Wenn sich jemand z. B. zu Frieden, Gerechtigkeit, Liebe oder Freiheit bekennt, dann geht es nicht um die Bedeutung dieser Worte, sondern um die Aussage, dass man zu „den Guten" gehören möchte. Sprache ist nun mal vieldeutig, aber da wir in Sprache und Begriffen denken, reicht es für ein tieferes Verständnis unserer Wirklichkeit nicht aus, wenn wir Begrifflichkeiten nur flüchtig benutzen.

Oft wird die Bedeutung von zentralen Worten mehr vom Klang und vagen Assoziationen bestimmt und von dem, was wir von anderen über die Begriffe aufgeschnappt haben, als dadurch, was sie für uns selbst im Innersten bedeuten.

Auch der Kontext in dem manche Worte benutzt werden, die Lautstärke und die Gestik, können die Bedeutung eines Wortes völlig verändern. Wenn man das nicht bemerkt, wird man ohne es zu merken auch in seinem eigenen Denken beeinflusst.

Manch weitreichende Entscheidung wäre vermutlich anders ausgefallen, wenn sie nicht aufgrund von Begriffen zustande gekommen wäre, deren Bedeutung man für sich selbst noch gar nicht richtig geklärt hatte. Insbesondere bei inneren Dialogen, die dich besonders bewegen, wird sich vieles klären, wenn du die verwendeten Begriffe für dich genauer untersucht hast.

Die Suche nach dem „Glück" ist z. B. sehr schwierig, wenn du gar nicht weißt, was es für dich eigentlich genau bedeutet.

### EINE KONTEMPLATION ÜBER DAS GLÜCK

**Was ist Glück?**

Gück ist ...
... positiv erlebte Emotion.
... ein Vorteil.
... wenn man seine eigenen Ziele erreicht.
... die Erfüllung meiner Wünsche.
... eine totale Seligkeit des Soseins.
... das harmonische Zusammenspiel von Allem.
... zu überleben im Angesicht des Todes.
... versorgt zu sein vor dem Hintergrund der Entbehrung.
... das Erleben von Liebe-
... das Erleben von Dankbarkeit.
Glück hat so viele Gesichter.

## 9. THEMEN UND INHALTE

DIE BESCHÄFTIGUNG MIT DEN THEMEN DES KONTEMplierens ist etwas völlig anderes als die unmittelbare Erfahrung. So wie sich ein gemalter Apfel elementar von einem verzehrten unterscheidet. Die Themen der Kontemplation sind ein Medium zur Besinnung. Leicht geschieht es, dass sich die Aufmerksamkeit des Betrachters in den Inhalten verstrickt und der Bezug zur gegenwärtigen Realität in Abstraktionen verloren geht.

Die Klärung von Themen, ihren Ursachen, Zusammenhängen und das Entdecken neuer Möglichkeiten hat eine befreiende Wirkung. Aber die Inhalte können den Verstand auch so faszinieren, dass er sich in ihnen verliert. Er ist immer auch versucht, nach Lösungen zu suchen, die eine allumfassende Gültigkeit repräsentieren sollen. Deshalb werden in alten Texten, die im Zusammenhang mit Kontemplation genannt werden, fast immer auch religiöse Erklärungsmodelle der Welt beschrieben.

Zu gerne würde unser Verstand endlich den Stein der Weisen finden und damit Herr über alle Probleme werden. Allerdings hat unsere Fähigkeit des abstrakten, rationalen Denkens ihre Grenzen. Alle Inhalte haben immer nur in Bezug zu ihrem speziellen Kontext eine gültige und wichtige Bedeutung. Überbewertung und Ignoranz sind unsere ständigen Begleiter auf dem Weg der Erkenntnis. Das Lesen dieses Buches kann also nicht direkt vermitteln was Kontemplation ist, im besten Fall kann es neugierig machen, eigene Erfahrungen mit der hier beschriebenen Methode zu machen.

Die Beschäftigung mit bestimmten Inhalten beim Kontemplieren, kann immer nur zu einer Annäherung an die ihr innewohnende Wahrheit führen. Antworten, die allumfassend wahr erscheinen, können zu einer spirituellen Erfahrung führen, müssen deshalb aber keine Fakten einer objektiv messbaren Realität sein.

Der Bewusstwerdungsprozess ist wichtiger als die jeweiligen Themen der Kontemplation, dennoch sollten wir die Themen, die uns begegnen, ernst nehmen und versuchen, ihr Wesen zu ergründen. So wie wir einen nahen Mitmenschen in seiner Vielschichtigkeit ernst nehmen und versuchen würden, ihn zu verstehen. Durch die Reflexion unserer Lebensumstände, ihren Widersprüchen und Konflikten erkennen wir Wechselwirkungen und können dadurch die entscheidenden Faktoren modifizieren, wodurch wir einen Prozess der Weiterentwicklung durchlaufen.

Die Inhalte über die wir kontemplieren, können sehr erhellend – und im persönlichen Kontext – sehr bedeutend sein, aber die Begrifflichkeit, in der diese Wahrheit ihren Ausdruck findet, muss für andere nicht gleichermaßen zugänglich sein. Andere brauchen vielleicht eine andere Ausdrucksform oder andere Offenbarungsbedingungen.

Deshalb sollten wir respektieren, wenn jeder eigene Erfahrungen und Beschreibungen des Göttlichen findet. Auch wenn ein Kollektiv das sich gemeinsamen Glaubensinhalten verpflichtet sehr bestärkend und vertrauensbildend sein kann, so kann es die Wahrheitsfindung durch die eigenen Erfahrungen nie kompensieren.

Die tiefe Erfahrung des Verstehens ist unabhängig vom Kontemplationsthema. Als Kinder machen wir diese Erfahrung, ohne zu wissen, was wir gerade verstanden haben. Es tut sich plötzlich ein neuer Horizont auf, ohne dass er inhaltlich erklärbar ist. Unser Verstand wird immer wieder von Geschichten und Kausalitäten angezogen, die bedeutend erscheinen. Es gibt jedoch hinter der Ebene des Verstehens einen Zustand gegenstandsloser Erfülltheit, ein Zustand, der durch Meditation gefunden wird.

Für gewöhnlich beschäftigen wir uns nur dann mit unseren elementaren Themen im Leben, wenn uns ein Konflikt darauf stößt. Erst wenn z. B. in der Beziehung nicht alles so läuft, wie man es sich wünscht, fängt man an, Fragen zu stellen.

Die Mechanismen unserer Psyche oder die Dynamik der sozialen Kontakte, mit denen man zu tun hat, sind meist nicht einfach zu durchschauen. So verliert man den Fokus auf bestimmte Themen schnell wieder aus den Augen, wenn die drückenden Symptome nicht mehr aktuell sind. Deshalb empfehle ich, gewisse Urthemen auch ohne akuten Leidensdruck länger zu erforschen. Zur Inspiration liegt hierzu ein Fragenkatalog im Anhang bei. Verfolge dazu auch alle Querverweise, also Nebenthemen, die bei den Kontemplationen auftauchen. Wenn du an bestimmten Punkten nicht weiter kommst, frage in deiner Kontemplation einfach nach der weiteren Verfahrensweise für diese Forschungsreise. Themen und Inhalte können dazu inspirieren, Neues zu entdecken, aber erinnere dich immer wieder daran, dass bei der Erforschung der Objekte ein übermäßiges Intellektualisieren eine innere Entwicklung behindert.

Viele Philosophen fanden das Objekt ihrer Kontemplation in der Betrachtung von Naturphänomenen. Dem griechischen Philosophen Heraklit kam z. B. bei der Betrachtung eines Flusses die Erkenntnis: „Man kann nicht zwei Mal in den gleichen Fluss steigen". Gleichnisse aus antiken Texten, die noch heute bekannt sind, entstanden aus der Betrachtung von Naturphänomenen.

In der Vergangenheit wurde über die Werke von berühmten Künstlern, Weisen, Gelehrten oder spirituellen Meistern oder über die Bedeutung von religiösen Schriften „kontempliert". Wenn du dazu eine starke Affinität spürst, kann das sehr inspirierend sein und dir einen eigenen Zugang zu den uralten Fragen und Themen der Menschheit verschaffen.

Wenn du über alte Texte kontemplierst, bedenke, dass die Weisheiten, nachdem sie zum ersten Mal auftauchten, zunächst über viele Generationen nur mündlich weiter getragen wurden. Erst Jahrhunderte später wurden sie dann in Gelehrtensprache (Latein, Griechisch oder Sanskrit) niedergeschrieben und mit Gleichnissen aus den damaligen Lebensumständen umschrieben. Viele Leser sind schon der Gefahr erlegen, sie allzu wörtlich zu nehmen. Bis diese alten Texte in unsere Hände kommen konnten, wurden sie unzählige Male abgeschrieben, übersetzt, umformuliert und neu interpretiert. Für unser heutiges Sprachverständnis klingen sie oft befremdlich, im besten Fall mysteriös. Sie zu durchdringen, den Kern der Aussagen zu finden und das herauszufinden, was auch in heutiger Zeit Gültigkeit besitzt, ist nicht einfach. Die Kenntnis der historischen Hintergründe hilft beim Verständnis solcher Texte.

Aber nicht die objektive, sondern die subjektive Gültigkeit einer Aussage ist für den Kontemplierenden das entscheidende Kriterium.

Das Erkennen, das einen so tief berührt, dass es etwas im Leben verändern kann, ist der Schatz der eigenen Suche. Themen und Inhalte sind also der Weg, nicht das Ziel.

## KONTEMPLATIONEN EINER KURSTEILNEHMERIN

**Was hilft mir dabei, im Alltag mehr bei mir zu bleiben?**

- Mehr meinen Bedürfnissen folgen.
- Mir für alles genug Zeit lassen.
- Unverplante Zeit geben.
- Immer wieder in meinen Körper hören.
- Immer mehr das tun, was mich interessiert.
- Bewegung und Stille.
- Allen sein und in Kontakt sein.
- Ausbalancieren.
- In der Natur sein.
- Qi-Gong machen.
- Ab und zu einfach mal anhalten.

**Was steht für mich an?**

- Leben, Freude, Entspannung, alles nicht zu ernst nehmen, mich um meinen Körper kümmern.
- Für andere da sein.
- Es klappt nicht. Brust wird eng. Ich schäme mich.
- Tun, was zu tun ist, tun, was ich tun kann.
- Keine Anstrengung, offen sein, dass kommen kann, was kommen soll.
- Am Ball bleiben. Nicht aufgeben.
- Bleiben, mit dem, was ist.
- Nicht irgendwo hinwollen, fließen lassen, Stille, zurücktreten, beobachten,

- Zwischenraum kreieren.
- Nicht sofort dem ersten Impuls folgen, Geduld.
- Ich muss nichts Großes machen, nichts schaffen, nicht Jemand sein.
- Natur, Luft, Bewegung, tief durchatmen.

**Worum geht es wirklich?**

- In Frieden sein, tiefer sinken.
- Vertrauen, nichts tun, es geschehen lassen.
- Ich habe große Angst, zu versagen.
- Entspannen.
- Tief atmen, zulassen.
- Meine innere Stimme hören, meiner Stimme folgen.

**Wo will ich hin im Leben?**

- Keine Ahnung.
- Mich mehr bei mir fühlen.
- Zufriedener sein.
- Das Gefühl haben, mein Leben hat einen Sinn.
- Gerade denke ich die ganze Zeit an ein Studium und ob ich das nochmal machen würde.
- Aber das ist alles nur so eine Idee.
- Nichts, was wirklich aus mir heraus kommt.
- Da ist im Moment gar nichts.
- Im Moment würde ich am Liebsten einfach nur meine Ruhe haben.
- Arbeiten – sonst nichts. Zeit für Fortbildungen.

**Was unterstützt mich, zu verwirklichen, was ich brauche. Welche konkreten Schritte kann ich umsetzen?**

- Weniger Anspannung haben, gelassener sein.
- Ab und zu innehalten.
- Mir selbst vorbeten: Nichts ist wichtiger als mich ins Gleichgewicht zu bringen.
- Atmen, Bewusstsein in meinen Körper bringen.
- Morgens laufen, meditieren oder kontemplieren.
- Auf mein Gefühl hören, was mir gerade gut tut, anstatt einen Plan zu verfolgen.
- Zu trinken.
- Bewusst die Schultern entspannen.

## 10. DAS BEFRAGEN EINER HÖHEREN INSTANZ

ES MACHT EINEN UNTERSCHIED, AN WEN DU DICH innerlich mit deiner Frage wendest. Ob du in deiner Vorstellung die tiefsten Schichten deines Unbewussten befragst oder ob du dich mit deinem Anliegen an eine sogenannte höhere Instanz wendest, eine Quelle, die über deine Person hinausgeht.

In allen Kulturen haben die Menschen einen Repräsentanten für höhere Ordnungsprinzipien gesucht, um in der Auseinandersetzung mit ihnen das eigene Schicksal besser verstehen und lenken zu können. Und seit je her haben die Menschen versucht, sich mit dieser höheren Instanz gut zu stellen und mit ihr eine Form der Kommunikation zu finden. Wenn sich in einer Kultur eine bestimmte Vorstellung etabliert hatte, haben sich ganz schnell professionelle Vermittler für den rechten Umgang mit diesen höheren Mächten ausgebildet: Geisterbeschwörer, Priester, Pharaonen, Gelehrte, Geistliche. In den christlichen Traditionen ist es die Vorstellung des einen, allmächtigen Gottes, der über Gebete angerufen wird und über Zeichen oder Wunder antwortet und sich durch tiefen Glauben offenbart. In dieser Tradition hat sich die Kontemplation als Form der Auseinandersetzung mit den metaphysischen Fragen des Lebens besonders verbreitet, wobei der Fokus auf dem Dialog mit Gott lag, der höchsten Instanz im Außen.

Viele religiöse Auslegungen gehen allerdings davon aus, dass wir Menschen auch das Göttliche in uns tragen oder eben auch Teil Gottes sind, wobei die Grenzen des „niederen Menschsein" zum „Göttlichen" sehr unterschiedlich interpretiert werden. Es ist gar nicht so einfach, diese Ebenen neutral ohne vorgeprägte religiöse Begriffe zu beschreiben. Wir alle haben Vorstellungen von uns als Individuum, und den Gesetzen des Kosmos, in dem wir leben. Für gewöhnlich erleben wir unser „individuelles Menschsein" durch die Trennung von Innenwelt und Außenwelt; diese wirken durch bestimmte Gesetzmäßigkeiten aufeinander ein.

In der Kontemplation macht es einen Unterschied, ob man in seiner Vorstellung Antworten empfängt, die von „außen" kommen oder aus dem eigenen unbewussten Speicher. Die Adresse der höheren Instanz wird heute sehr unterschiedlich beschrieben und erlebt. Manch einer beschreibt einen universellen Geist, die Mutter Natur, kosmische Gesetze. Andere haben für jeden Lebensbereich einen anderen Gott.

Für viele ist ein Kontakt zur höheren Instanz auch nur über einen Mittler mit menschlichen Eigenschaften vorstellbar, in Form von Propheten wie Jesus, Buddha, Mohammed oder über einen spirituellen Meister. Für jeden Suchenden funktioniert ein ganz eigener Zugang. Wichtig ist dabei nur, dass man sich mit seiner Vorstellung vollkommen wohl und vertraut fühlt. Eine objektiv richtige oder falsche Vostellung gibt es für das Kontemplieren nicht.

Ob die eigene Vorstellung echter, realistischer oder konsensfähiger ist als andere, ist dafür auch nicht von Bedeutung. Jede Vorstellung einer höheren Instanz dient als Brücke für Phänomene, die eben für den menschlichen Geist nicht direkt vorstellbar sind. Sie brauchen also gar nicht erst den Versuch anzutreten, wirklicher zu sein als andere Vorstellungen.

Leider wurde in der Menschheitsgeschichte immer mehr Energie darauf verwendet, die eigenen Vorstellungen sozial-politisch gegenüber Andersgläubigen durchzusetzen, als sie für die eigene Bewusstseinserweiterung zu nutzen. Wenn bestimmte Weltanschauungen oder Glaubensbekenntnisse keine Toleranz gegenüber Andersgläubigen mehr zulassen können, dann können sie auch keine freie Wahrheitssuche mehr zulassen. Wie auch immer die eigene Vorstellung einer höheren Instanz aussehen mag, sie repräsentiert eine universelle Wahrheit, die über das Individuelle hinausgeht.

Die Befragung der höheren Instanz bedeutet praktisch, dass du mit einer besonderen inneren Haltung in die Kontemplation gehst und dich mit deiner Frage direkt an deine höhere Instanz wendest, sie also auch wörtlich ansprichst. So, als wenn du die brennendsten Fragen deines Lebens nicht deinem Psychotherapeuten stellen würdest, sondern z. B. Jesus persönlich. Auch hierbei spielt die besondere innere Haltung eine wichtigere Rolle als die genaue Adresse, also, an wen du dich in deiner Vorstellung wendest.

Deine Überzeugung, dass die höhere Instanz mehr ist als ein Produkt deiner Phantasie, ist hilfreich. Auch hat es Einfluss darauf, wie du die Antworten persönlich erlebst und interpretierst. Der Glaube an die Existenz der angerufenen, höheren Instanz hat einen qualitativen Einfluss auf die Antworten. Meistens nimmt man einen deutlichen Unterschied wahr, wenn man sich in der Kontemplation an eine höhere Instanz wendet.

Die Befragung der höheren Instanz kannst du speziell dann praktizieren, wenn du das Gefühl hast, mit essenziellen Fragen beschäftigt zu sein oder wenn du das Gefühl hast, die Inspiration einer höheren Ordnung zu brauchen. Sie kann dir helfen, wenn du aus den eigenen Erfahrungen keine weiterführenden Erkenntnisse mehr ableiten kannst. Die Befragung der höheren Instanz schafft auch auf eine andere Weise eine gewisse Distanz zum Thema, weil du es noch einmal von einer ganz neuen Perspektive betrachten kannst. Indem du die Frage in deiner Vorstellung an eine äußere höhere Weisheit stellst, kannst du die Antworten mit etwas mehr Abstand betrachten.

Manchmal wird die Antwort auch so erlebt, dass eine Stimme zu einem spricht oder ein plötzliches Erkennen von Zusammenhängen auftaucht, das von einer anderen Quelle zu kommen scheint, als der eigenen inneren Welt. Eine kritische Stimme würde an dem Punkt fragen, wo die Grenze zur Selbstsuggestion auszumachen ist.

Natürlich erliegen wir alle der Gefahr, uns selbst etwas vorzumachen, uns etwas einzubilden, das uns gerade recht kommt. Das ist hier nicht so entscheidend. Wichtig ist, dass es uns weiterhilft. Die Unterscheidung zwischen Selbstsuggestion und realer Eingebung von „außen" kann ohnehin nicht objektiv, sondern nur subjektiv geschehen. Wie bei der Liebe ist die transformierende Erfahrung dabei wichtiger, als genau zu wissen, wie viel wir uns dabei einbilden.

Alles, was wir denken, muss zunächst in unsere eigene Symbolwelt der Worte, Sprache und inneren Bilderwelt schlüpfen, bevor es überhaupt gedacht und verglichen werden kann, egal ob es von außen oder von innen kommt. Es ist immer derselbe innere Bildschirm, auf den wir schauen, ob wir nun eine „Doku" oder einen „Fantasyfilm" sehen. Es ist immer das gleiche Zelluloid, aus dem die Filme gemacht sind. „Die Träume des Narren sind so echt wie die des Gelehrten." Jede Realität bleibt also immer ein Stück weit subjektiv und selbst der Glaube an eine Illusion kann die erlebte Realität verändern.

Wenn man besonders gute Erfahrungen mit der Befragung einer höheren Instanz gemacht hat, ist es naheliegend, beim Kontemplieren immer nur diese zu befragen. Aber genau darin liegt die Gefahr, dass sich das Besondere dieser Kontemplation abnutzt oder verloren geht. Wir sind normalerweise nicht in der Lage, den besonderen Wert einer Sache in einer Überflusssituation auf längere Zeit gleich intensiv wahrzunehmen. Wenn wir z. B. die köstlichste Speise zu jeder Mahlzeit bekämen, könnten wir ihren besonderen Geschmack auf Dauer nicht mehr wertschätzen. Darüber hinaus hat es eine sehr integrierende Wirkung, wenn du erlebst, wie genau die richtigen Antworten und Lösungen aus dir selbst kommen. Es gibt dir ein Gefühl von Unabhängigkeit, mehr Selbstbewusstsein und Vertrauen in dich selbst.

Die Anrufung der höheren Instanz in der Kontemplation sollte etwas Besonderes bleiben.

## EINE HÖHERE INSTANZ FRAGEN

### Was habe ich zu geben?

- Geben hat nichts damit zu tun, dass du gut bist, es ist etwas Jenseitiges. Schau dir die Bäume an, sie haben keine Ahnung, wie ihre fallenden Blätter den Boden nähren, wie ihre Blüten die Bienen und Vögel ernähren, wie ihre Früchte Leben spenden. Sie haben kein Konzept von geben und nehmen. Sie folgen einfach ihrer Natur. Folge einfach deiner Natur und urteile nicht. Denke nicht daran, was gut oder schlecht wäre. Beschäftige dich nicht mit der Belohnung. Lass das Licht der Aufmerksamkeit deinen Weg erleuchten.

## 11. KONTEMPLATION UND MEDITATION

DIE UNTERSCHEIDUNGEN UND ERGÄNZUNGEN VON Meditation und Kontemplation machen ihr jeweiliges Wesen und ihre Funktionen deutlicher. Kontemplation beschäftigt sich mit Inhalten und versucht sie geistig zu durchdringen. Meditation ist in den meisten Traditionen eine Methode, um einen höheren Bewusstseinszustand zu erlangen. Diese beiden Ansätze schließen sich nicht aus und vermischen sich unter Umständen. Daher werden Meditation und Kontemplation oft in einen Topf geworfen.

Die Unterscheidung liegt darin, ob eine Methode mehr zustands- oder inhaltsorientiert ist. Immer wenn man davon spricht „über etwas zu meditieren" oder etwas durch meditative Betrachtung zu verstehen, ist das eine Form der Kontemplation.

Bei vielen spirituellen Praktiken wird diese Unterscheidung nicht gemacht. Manche Meditationen beinhalten Visualisierungen oder es werden Kontemplationsphasen als Vorbereitung auf einen meditativen Zustand benutzt. In vielen Traditionen wird Meditation auch als eine Konzentration auf göttliche Wesenheiten beschrieben.

Kontemplation beinhaltet immer einen inneren Dialog, eine innere Reflexion. Meditation kann ein Bewusstwerdungsprozess ohne aktive Absicht oder bestimmten Fokus sein, losgelöst von subjektiven Empfindungen oder Inhalten.

Meditation kann sowohl eine Praktik als auch einen inneren Zustand beschreiben. Eine Meditationstechnik zu praktizieren, heißt nicht automatisch in einem Zustand der Meditation *zu sein*. Der allgemeine Sprachgebrauch ist auch irreführend, weil der Zustand selbst nur erfahrbar, nicht aber vorstellbar ist. Jedes Bild oder jede Vorstellung, die man sich vom Zustand der Meditation machen kann, ist eben nur ein Abbild. Die Erfahrung selbst lässt sich sprachlich nur sehr ungenügend umschreiben. Das indische Sanskritwort für Meditation *Dhyana* ist deshalb auch nur die Umschreibung eines Zustandes keiner Technik.

Viele Meditationspaktiken der unterschiedlichsten Kulturen und Traditionen haben Phasen, die zur Entspannung, Heilung oder Befreiung von Verhaftungen, Gedanken, Begierden und Emotionen dienen, um so den Weg für die eigentlich meditative Erfahrung zu bereiten. Diese Techniken arbeiten mit Visualisierungen, dem Atem, den Energien der Chakren oder nutzen die Wirkung vom Rezitieren oder Singen von Mantren.

Viele Meditationen beginnen mit Übungen, die den alltäglichen Gedankenfluss durchbrechen und eine Beruhigung des Geistes auslösen, um dadurch eine höhere Bewusstseinserfahrung zu ermöglichen. Ein meditativer Zustand lässt sich durch die verschiedenen Vorbereitungen nur einladen, nicht aber direkt verursachen. Ähnlich wie sich die eigene Authentizität nicht planen und dann ausführen lässt, ist auch eine höhere Bewusstseinserfahrung nicht direkt machbar.

Präsent und authentisch kann man nicht werden – nur sein – und gerade das Bemühen, dorthin zu gelangen, wird zu etwas Künstlichem. Sich dem Zustand der Meditation zu nähern, ist also ähnlich wie das Streben nach Authentizität. Es funktioniert nicht, wenn man versucht, einer Vorstellung zu entsprechen. Es ist eher die Kunst, das wegzulassen, was natürlicherweise nicht dazu gehört, bzw. das zu überwinden, was einen daran hindert, einfach bewusst, integer und entspannt zu sein.

Es gibt einen „graduellen" Ansatz, bei dem durch jahrelanges Praktizieren bestimmter Übungen eine schrittweise Entwicklung angestrebt wird. Im tibetischen Buddhismus z. B. wird durch das Wiederholen bestimmter Mantren und die Visualisierung von Gottheiten so eine schrittweise Entwicklung praktiziert. Dann gibt es einen „unmittelbaren" Ansatz, der mit Techniken arbeitet, die den Verstand durch Absurditäten überlistet, wie z. B. die Koans (scheinbar absurde Fragen oder Gedichte) im Zen-Buddhismus.

Bei diesem Ansatz wird davon ausgegangen, dass Meditation nicht das Ergebnis bestimmter Übungen ist, sondern ein unmittelbares Erkennen, bzw. Erwachen, das in einem bestimmten Klima, aber ohne direkte Ursache geschieht. Hier würde man sagen: „Du kannst nicht ankommen, wo du bist, indem du vorwärts strebst".

Die Anhänger der graduellen Meditationstechniken, gehen davon aus, dass man eine bestimmte Entwicklung durchlaufen muss, um „erwachen" zu können.

Meditation lässt sich vermutlich nicht einheitlich definieren. Manche Meditationstechniken mögen Konzentration oder bestimmte aktive Handlungen erfordern. Der Zustand von Meditation wird aber meist als passiv und rezeptiv beschrieben, ein Zustand jenseits von persönlichen Absichten und Streben. Ein Zustand höheren Bewusstseins, unmittelbarer Beobachtung, jenseits von Zeit und Ego.

Wirkliches „Nichtstun" kann eben nicht gemacht werden. Die Macht des Machens endet beim Versuch nichts zu tun.

Kontemplation muss also als Technik definiert werden. Aber man kann sich durch Kontemplation die eigenen Mechanismen und Motivationen bewusst machen, was automatisch eine Veränderung des eigenen Zustandes einleitet. Sie kann die Wiederholungsschleifen der Gedanken lösen, die sich beim Meditieren nicht einfach abschalten lassen. Das kontemplative Erkennen löst Verstrickungen des Geistes mit Inhalten und Emotionen. Man beschäftigt sich direkt und konkret mit dem, was sich gerade ins Bewusstsein drängt. Oder man fokussiert sich bewusst auf selbst gewählte Themen, die durch möglichst konkrete Fragen eingegrenzt werden, und die Antworten berühren die Seele und nicht nur den Verstand.

Das Kontemplieren befreit letztlich das Bewusstsein von ungelösten Inhalten, die sich immer wieder vor das Gewahrsein des unmittelbaren Seins schieben. Kontemplation kann eine vorbereitende Übung für das Meditieren ohne Absicht und Inhalt sein. Umgekehrt ergänzt die Meditation das

Kontemplieren, weil eine entspannte, urteilsfreie, bewusste innere Haltung das Kontemplieren erleichtert. Die Identifikation und emotionale Verstrickung mit den Dingen und Themen, denen wir im alltäglichen Gedankenfluss anhaften, werden durch viele Meditationspraktiken gelöst und ermöglichen so einen tieferen, neutraleren Blick in das Wesen der Dinge. Durch das Kontemplieren wird es leichter, das Wesen der Probleme und ihre Ursachen zu erkennen. Auch das eigene Zutun, durch welches das Problem entstehen kann, lässt sich erkennen und ändern.

Viele Meditationstechniken bewirken einen tiefen Entspannungszustand und ein Gefühl des „bei sich seins", und wirken ausgleichend auf unseren Energiehaushalt. Es entsteht eine Distanz zu den Dingen und dadurch ein insgesamt entspannter Zustand, was in der Kontemplation dazu führt, dass man mehr Überblick findet und tiefer in Themen eindringen kann. Auch beim Meditieren tauchen oft tiefe Einsichten und Erkenntnisse auf, allerdings ohne dass der Meditierende konkret danach gefragt oder sie weiter verfolgt hätte.

Was Kontemplation und Meditation wiederum gemein haben, ist die „Ausrichtung der Aufmerksamkeit". Der Geist ist für gewöhnlich über die Sinne nach außen gerichtet und an den Sinnesobjekten verhaftet. In der Kontemplation werden zwar auch Themen betrachtet, die aus der Außenwelt kommen, aber der geistige Fokus ist – wie auch beim Meditieren – nach innen gerichtet. Von dort kommen die eigentlichen Lösungen.

In diesem Zusammenhang wird auch noch mal der Unterschied vom Kontemplieren zum reinen analytischen Nachdenken deutlich.

Beim Analysieren ist der Fokus auf die Objekte im Außen gerichtet, der innere Bezug findet weniger Beachtung. Bei der Kontemplation – und der Meditation – spielt der Betrachter selbst eine wichtige Rolle. Aus der Betrachtung des Selbst in Verbindungen mit den Themen der Außenwelt (oder auch umgekehrt) kommen die Erkenntnisse, die eine Klärung bewirken. Der Wortstamm der Kontemplation (*con templum*) verweist auf diese Verbindung von innerem und äußerem Beobachtungsraum.

Alle aktiv gesteuerten und praktizierten Methoden sind als vorbereitende Übungen zu verstehen, um einen Zustand zu erreichen, den wir bewusst nicht herstellen können. Dennoch ist die Kontemplation nicht nur ein aktiver Prozess, denn der Moment des Empfangens von Antworten ist ein rezeptiver Zustand.

Damit sich die gegensätzlichen Pole der Aktivität und der Rezeptivität in den Selbstfindungsprozessen ergänzen, ist es hilfreich, die unterschiedlichen Phasen zu kennen, sodass man weiß, wann und wofür eine aktive Bemühung gut ist und wann ein Loslassen und Entspannen. Dazu mehr im nächsten Kapitel.

## KONTEMPLATION

### Wieso habe ich solche Widerstände zu meditieren?

- Da sind viele Leute in meinem Tempel.
- Meditieren - Stille. Angst vor Stille, Stillstand.
- Nix passiert, wie Tod.
- Sehnsucht nach Stille. Meine Stille hat keinen Platz.
- Hat was mit „sein" zu tun.
- Guter schwarzer Tee ist gut.
- Wir sollten einen guten schwarzen Tee kaufen.
- Schön, dass die Leute in meinen Tempel kommen.
- Ich verneige mich vor etwas Größerem.

### Ich gehe ohne Frage in meinen inneren Tempel

- Kontemplation ist keine Meditation, sie ist die Übung deinen Geist zu fokussieren auf das, was gerade Thema ist und die Bereitschaft und Offenheit zu empfangen, was sich jenseits deiner Überlegungen offenbart.
- Benutze Kontemplation nicht als Meditation und fokussiere deinen Geist nicht in der Meditation.
- Diese Unterscheidung zu verinnerlichen und zu spüren ist gerade deine Entwicklungsphase.

## 12. AKTIVITÄT UND REZEPTIVITÄT

SO WIE DER SCHLAF NICHT AKTIV MACHBAR IST, SO IST auch ein Erwachen aus Tagträumen nicht durch ein zielgesteuertes Handeln möglich. Das Empfangen einer Erkenntnis in der Kontemplation und der Zustand von Meditation sind solche Momente des Erwachens, die nur in einem rezeptiven Zustand auftauchen können.

Aktivität und Passivität gehören zusammen wie die Seiten einer Medaille, wie Berg und Tal. Sie bedingen und definieren sich gegenseitig wie alle Gegensätze. Diese Unterscheidung spielt auch in der Kontemplation und Meditation eine wichtige Rolle. Die innere Qualität unseres aktiven Handelns liegt darin, dass wir etwas zielgesteuert in unserer Welt verursachen oder auch vermeiden können. Die innere Qualität der Passivität liegt nicht, wie man vermuten möchte, einfach im „Nichtstun". Die innere Qualität der Passivität entfaltet sich nicht automatisch durch das Stoppen von Aktivität.

In der gewöhnlichen Spannungskurve von Aktivität und Passivität wird in der passiven Phase nur eine neue Ladung aufgebaut, die sich dann erneut in einer aktiven Phase entlädt. Die eigentliche innere Qualität der Passivität liegt in der Rezeptivität.

Das Kontemplieren ist vergleichbar mit dem Bogenschießen. Dem Auflegen des Pfeils und dem Spannen des Bogens folgt ein Loslassen.

Das Finden und Stellen der Frage erzeugt eine

Spannung und mit der Kontemplationsphase beginnt ein loslassen. Um den Mittelpunk der Zielscheibe zu treffen oder den Mittelpunkt eines Themas zu treffen, versucht der Schütze bzw. der Fragende eins mit dem Ziel zu werden. In dem Moment, in dem er losgelassen hat, kann er nur noch rezeptiv sein.

**Die aktive Phase der Kontemplation besteht darin, dass du**

1. den äußeren Raum der Achtsamkeit aufsuchst,
2. dich in deinen inneren Tempel versenkst,
3. die in dir gereifte Frage stellst,
4. dich entscheidest, für diesen Moment, deine Vorurteile und Erwartungen abzulegen (sowie die Bereitschaft, sie überhaupt zu bemerken),
5. während der eigentlich passiven bzw. rezeptiven Phase des Empfangens, dir ohne Selektion und Wertung Notizen machst.

Bemerke die eigenen aktiven Handlungen, vor allem die, die du für gewöhnlich unbewusst und automatisch weitermachst, ohne dass es deiner ursprünglichen Absicht noch dienlich ist. So wie wir oft auch Muskeln noch länger anspannen, selbst wenn die Phase der Aktivität schon längst vorbei ist und dadurch ungewollt Verspannungen erzeugen. Oft verstricken wir uns viel zu lange in geistige Aktivitäten, obwohl unsere produktive Schaffensphase längst vorbei ist, und können dann nicht mehr zur Lösung eines Problems beitragen.

Nur die innere Spannung, Ungeduld und Erschöpfung wachsen in solchen Momenten.

Die Gier nach Effektivität lässt uns einen Kredit auf unseren eigenen Energiehaushalt aufnehmen, den wir mit den Zinsen einer längeren Erholungsphase bezahlen müssen, andernfalls rutschen wir in ein tieferes Energiedefizit ab. Unser Verstand bleibt also oft noch in der Phase der Regeneration in einem zu aktiven Modus und verhindert so eine tiefe Entspannung; das kann in Extremfällen zu Krankheiten führen.

Beim gewöhnlichen Nachdenken fehlen meist die Phasen tiefer Rezeptivität und das kann dazu führen, dass sich die Gedanken irgendwann in einer Endlosschleife drehen. Ähnlich wie sich Rast und Bewegung elementar voneinander unterscheiden, aber gleichzeitig auch Ergänzung und Bedingung füreinander sind, so sind auch die aktiven und rezeptiven Phasen bei Meditation und Kontemplation nur dann nützlich, wenn sie bewusst voneinander getrennt werden. Das Fragen in der Kontemplation ist eine aktive geistige Bewegung. Das Überwinden von geistigen Inhalten in der Meditation ist dagegen eine geistige Rast. In dem Moment, da alle Aktivität abfällt, erweitert sich der Blick auf alles und nichts Bestimmtes.

Diese Hinweise über Aktivität und Rezeptivität sollen nur die Aufmerksamkeit für die jeweiligen Phasen schärfen. Damit du z. B. in der Phase des Empfangens nicht aktiv darüber nachdenkst, was gerade kommen oder nicht kommen sollte.

## KONTEMPLATION ZUM THEMA: „GESCHEHEN LASSEN ODER HANDELN?"

Ist es besser besser für mich den Urlaub genau zu planen oder sollte ich entspannt abwarten, was mich in der Türkei erwartet?

Mach eine Kontemplation darüber, welche Bedürfnisse du dort realisiert haben möchtest und betrachte danach, was dafür nötig ist. Dann lass los und gehe mit dem was kommt.

## KONTEMPLATION ZUM THEMA ARBEIT

Ein Kontemplationsteilnehmer hat sich gefragt, wie er mit seinen beiden beruflichen Standbeinen umgehen soll. Er hat beide Jobs in der Kontemplation sprechen lassen, um herauszufinden, ob er sich für einen entscheiden soll oder nicht.

### Die Heilpraktiker-Praxis

- Erscheint mir wie ein rosa Sessel aus Stoff, der spricht.
- Ich bin deine Wurzel, durch mich kannst du deine Magie leben.
- Vernachlässige mich nicht, es wäre schade.
- Ich habe noch mehr vor mit dir.
- Nein, ich will nicht auf den Balkon von deinem Tempel. Ich kann doch schweben.
- Ich bin kraftvoll und sicher und ganz stark mit deinen übersinnlichen Stärken verbunden.

### Die Küche

- Ein Gemälde vom Meer. Ich bin deine Weite. Ich berausche dich.
- Lässt sich auf dem Balkon meines Tempels an einen Nagel hängen.
- Kontemplation. Ich spreche nochmals mit dem Meer-Gemälde, da es mir bei der ersten Runde erschien, als wäre da nochmal was zu hören.

### Die Küche

- Keine Angst vor mir. Ich bin deine Weite. Ich habe aber auch einen Rahmen. Ich werde dich nicht überrumpeln, umspülen.
- Endlich werde ich gesehen und wertgeschätzt.
- Ich bin deine Weite, deine Entlastung.

### Frage an beide: Könnt ihr miteinander sprechen?

- Wir tun uns nix. Wir passen zusammen. Wir in einem Raum zusammen – das passt gut. Setz dich auf mich und sehe die Möglichkeit der Entlastung. Pause
- Weite – Abwechslung.

### Hast du einen Rat für mich?

- Nimm es nicht zu ernst.
- Nimm es als Geschenk.
- Burnout Prophylaxe.
- Live-Work-Balance.
- Es ist Luxus beides zu machen.

## 13. WAS DIE KONTEMPLATION VOM NACH-DENKEN UND BETEN UNTERSCHEIDET

WO LIEGT DIE GRENZE ZWISCHEN GEWÖHNLICHEM Nachdenken und dem Kontemplieren? Was unterscheidet das Kontemplieren von dem, was aus dem Strom der Alltagsgedanken auftaucht, und den Resultaten, die sich durch zielorientiertes Nachdenken ergeben?

Zum einen wird in der Kontemplation ein Raum aufgesucht, der vertraut ist und in dem man entspannen kann. Emotionale Wertungen werden beim Kontemplieren nicht beachtet, denn meist färben sie unsere Beobachtung, können bestimmte Affektreaktionen auslösen und unser Sichtfeld einschränken. Zum anderen wird in der Kontemplation eine Frage mit einer besonderen inneren Haltung gestellt, um das Empfangen besonderer Antworten zu ermöglichen, dabei spielt das Vertrauen in die eigene Intuition eine besondere Rolle. Unbemerkte Erwartungen und vorausgesetzte Annahmen, die in unsere Gedanken einfließen, lassen nur bestimmte Antworten zu.

Die Alltagsgedanken bewegen sich oft im Kreis, weil sie durch ein ständiges Abwägen des Für und Wider bestimmt werden und sich dann ständig dabei wiederholen. Durch das Praktizieren der Kontemplation entsteht eine Unterbrechung der üblichen Denkmuster, was eine Neubetrachtung der Inhalte zulässt.

Die Kontrolle über unsere Denkprozesse ist sehr beschränkt und somit ist auch das, was dabei herauskommt, oft nicht das, was wir uns wünschen. Wenn die Flut der Informationen, Bilder und Eindrücke, die vor unserem inneren Auge auftaucht noch mehr Entscheidungsoptionen hervorbringt, führt das oft zu neuer Verwirrung und Sorge.

Selbst die Möglichkeit durch konzentriertes Analysieren ein Problem zu klären, ist auf die Ebene von Daten begrenzt, die wir für die Analyse als relevant erachten, die Ebene unserer subtilen Empfindungen wird dabei ausgeblendet. Der Unterschied liegt darin, dass beim Kontemplieren das Erkennen nicht durch das Analysieren von Daten entsteht, sondern spontan, durch neutrales Betrachten auftaucht. Empfindungen werden dabei nicht ausgeblendet, sondern möglichst ebenso neutral beobachtet. So geben sie Hinweise über Zusammenhänge, die sich allein aus einer Datenanalyse nicht erschließen würden.

Unser Denkorgan lässt sich nicht einfach ausschalten. Wir können nur mit unserer Aufmerksamkeit, wie mit einer Taschenlampe im Dunkeln, den Fokus der Betrachtungen etwas verlagern. Die Neuronen im Gehirn sind 24 Stunden aktiv. Wir können träumen oder die unterschiedlichsten Inhalte denken. Wir können sogar denken, dass wir nicht denken, ohne dabei zu bemerken, dass wir dennoch denken. Wir können träumen, dass wir aufwachen während wir schlafen, und wir können träumen während wir wach sind. Die Gestaltung eines inneren und äußeren Raumes der Achtsamkeit beim Kontemplieren ist deshalb von so großer Bedeutung, weil sie den Inhalten, die geklärt werden sollen, einen besonderen Rahmen gibt. Die zeitlich begrenzte Beobachtungsphase verhindert, das unbemerkte Abschweifen der Gedanken in Tagträume. Und die direkte Fragestellung erzeugt eine Fokussierung, was zu konkreten Antworten, bzw. Einsichten führt. Natürlich können sich beim Kontemplieren trotzdem automatische Denkschleifen einschleichen. Es ist jedoch erstaunlich was für einen Unterschied es macht, ob man über etwas nachdenkt, oder es im Rahmen einer Kontemplation betrachtet.

Wenn wir uns „in Ruhe" unsere eigenen Gedanken machen wollen, haben wir den Eindruck, in unserer Urteilsfindung und in unseren Entscheidungen unbeeinflusst und frei sein zu können. Leider ist das meistens nicht der Fall. Neurologen bestätigen immer wieder, das Urteile und Entscheidungen, schon lange bevor wir sie bewusst wahrnehmen, im Unbewussten entstanden sind und dass unser Nachdenken nur der Versuch ist, für sie auch nachvollziehbare Begründungen zu finden. Wieweit wir neurobiologisch beim Kontemplieren wirklich anders funktionieren, müsste man wohl noch untersuchen. Auf jeden Fall werden beim Kontemplieren mehr unbewusste Informationen angezapft, als beim Grübeln.

In der Kontemplation wird nicht versucht, durch Abwägen und Vergleichen eine Antwort zu formulieren, sondern Antworten werden in einer rezeptiven Haltung intuitiv empfangen. Sie sind deshalb auch nicht immer logisch oder rhetorisch korrekt, denn der Einfluss ganz subtiler Eindrücke und Empfindungen lässt sich nur schwer in Sprache ausdrücken, dennoch sind es wichtige Aspekte unserer Wahrnehmung.

Das kurze, direkte Fragen im inneren Beobachtungsraum führt deshalb zu mehr Einsichten als ein stundenlanges Nachdenken über das Für und Wider einer Sache. Auch wenn die ersten Eindrücke oder Antworten beim Kontemplieren noch nicht gleich eine Offenbarung sind, so entwickelt sich daraus ein tieferes Verständnis, wenn man sie ernst nimmt und über weitere Schritte verfolgt. Dann wird deutlich, worum es bei einem Thema eigentlich geht und das führt oft in ganz unerwartete Richtungen.

Natürlich gibt es beim Kontemplieren, wie auch bei allen anderen Aktivitäten, immer unterschiedliche Tage bzw. Verfassungen, Stimmungen und Rahmenbedingungen, so dass die Kontemplation und die empfangenen oder auch mal ausgebliebenen Antworten nicht immer gleich beeindruckend sind. Wie beim Sport, wo man selbst bei gleichen Übungen auch nicht immer die gleiche Kondition mitbringt. Aber beim regelmäßigen Kontemplieren wird ein Bewusstwerdungsprozess in Gang gesetzt, der alte Verstrickungen aufdeckt und neue Entscheidungsmöglichkeiten ans Licht bringt. Das klingt zunächst sehr erstrebenswert, dabei tauchen jedoch auch Widerstände auf und man wird das Verlangen nach Ablenkung bei sich selbst beobachten können. Dies ist ganz normal und geht fast allen so. Die meisten Kontemplierenden praktizieren die Methode viel seltener, als sie es ursprünglich wollten, denn Einsichten, die Veränderungen auf den tieferen Ebenen des inneren Ordnungssystems bewirken, werden nicht so schnell zugelassen. Wir haben unbewusste Schutzprogramme, ähnlich wie die Viren-Schutzprogramme bei Computern, die erstmal eine Warnmeldung auf den Bildschirm schicken und uns fragen: „Wollen Sie wirklich zulassen, dass dieses Programm Veränderungen in Ihrem System vornimmt?" Optimierungen am inneren Betriebssystem werden sinnvollerweise nur sehr begrenzt zugelassen, denn immerhin konnte uns die bisherige Programmierung das Überleben bis zum heutigen Tag gewährleisten.

Viele Prozesse, die beim Kontemplieren in Gang gesetzt werden, brauchen eine gewisse Zeit, um elementare Veränderungen bewusst integrieren zu können. Deshalb lohnt es sich, dabeizubleiben und immer wieder den roten Faden der inneren Entwicklung aufzunehmen! Erkenntnisse sind im ersten Moment sehr erhellend. Bis sich ihre Weisheit konkret im Leben umsetzt, brauchen manche Erkenntnisse viele Wiederholungen, Vertiefungen und Zeit zur Integration. Die Macht der Gewohnheiten ist nicht zu unterschätzen. Eine Erkenntnis kann noch so klar und gut sein, ihre Umsetzung ist dadurch nicht unbedingt einfach oder geschieht immer wie von allein. Manche Antworten werden so oft wiederholt angeboten, bis man ihre innerste Botschaft realisiert hat. Oder man muss einfach noch genauer nachfragen, wie man sie am besten umsetzen kann. Es ist auch spannend, sich ältere Kontemplationen nochmals durchzulesen, um zu bemerken, was an Antworten schon in ähnlicher Form da war.

Das, was wir als Weisheit erleben (nicht zu verwechseln mit: „gut informiert" oder „schlau kombiniert"), kommt aus unbewussten Quellen, die jenseits unseres sprachlichen Verständnisses liegen. Alle Antworten oder Erkenntnisse, die aus dieser Quelle gespeist werden, müssen also erst in Sprache und gefühlte Bilder übersetzt werden, damit wir sie im normalen Tagbewusstsein überhaupt denken können. Unsere Wirklichkeit besteht aber nur zu einem Teil aus dem, was wir als „bewusste" Erscheinung wahrnehmen oder denken können. Die Welt der Träume, die subtilen Empfindungen oder Stimmungen können nicht in den Arealen verarbeitet werden, in denen die geistigen Objekte unserer wachen Betrachtung verarbeitet werden. In der rechten Gehirnhälfte werden Informationen und Gefühle intuitiv verarbeitet. Die sogenannte emotionale Intelligenz wird von hier aus gesteuert. In der linken Hemisphäre werden Inhalte begrifflich, rational und kritisch verarbeitet. In der Kontemplation werden beide Gehirnhälften angesprochen und ihre Funktionen vereint.

Die Verwandtschaft der Kontemplation zum Gebet wurde speziell im Christentum geprägt. Die Zwiesprache mit Gott ist vergleichbar mit einer Kontemplation in der man sich an eine höhere Instanz wendet. Auch, dass man sich zum Gebet meist einen besonderen heiligen Rahmen schafft, z. B. einen Tempel bzw. die Kirche aufsucht und dabei auch eine gewisse innere Sammlung praktiziert, sind Gemeinsamkeiten. Gebet und Kontemplation können beide ein mehr oder weniger gesteuerter innerer Dialog sein. Kontemplation wird allerdings mehr als Methode der Erkenntnissuche verstanden und ist nicht prinzipiell religiös motiviert. Das Beten wird dagegen überwiegend in einem religiösen Kontext praktiziert und ist immer von der jeweiligen Konfession geprägt. Das Gebet ist also eher eine Methode zur Besinnung auf den eigenen Glauben.

Kontemplation bedeutet einen Beobachtungsraum aufzusuchen, in dem man sich für ein tieferes Verständnis öffnet. Das Gebet hat meist einen anderen Schwerpunkt, z. B. wenn die Hinwendung zu Gott oder ein höheres Prinzip mehr der Suche nach Trost und Hoffnung gilt, oder aus sozialen Gründen geschieht (die Zugehörigkeit in der Gemeinde zu festigen). Bei der Suche nach neuen Erkenntnissen ist gerade eine Öffnung für das Unbekannte ein wesentlicher Aspekt, im Gegensatz zu der Suche nach einer Festigung und Bestätigung für das, was man bereits glaubt.

Dier Unterschied zwischen Beten und Kontemplieren liegt neben der äußeren Form und den ggf. vorgegebenen Inhalten, vor allem in der inneren Haltung. Für das Kontemplieren ist das wertfreie Beobachten ein zentraler Aspekt der Methode. Das Wort Gebet leitet sich von bitten ab und wird auch viel in diesem Sinne verstanden und praktiziert.

Wenn also beim Gebet die Intention des Bittens dominiert, werden dabei Emotionen, Wünsche und Wertungen stimuliert, die ein neutrales kontemplatives Beobachten behindern.

Beten kann allerdings auch ein absichtsfreier Ausdruck des Herzens sein, eine nicht genau definierbare Sehnsucht nach innerem und äußerem Frieden, die zwar von einem tiefen Gefühl, nicht aber von Emotionen und Bewertungen begleitet ist. Eine derart geprägte innere Haltung kann in der Kontemplation durchaus zu einem tieferen Verständnis führen.

Wichtig ist, dass der Ausgang bzw. das Ergebnis in einer Kontemplation offen bleiben darf und nicht durch Erwartungen, Glaube und Wollen determiniert wird.

Da es sehr viele verschiedene Arten des Betens und auch der Kontemplation gibt, sind die Unterscheidungen auch nicht kategorisch zu treffen. Oft werden die Begriffe Meditation, Imagination, Kontemplation, Konzentration und Gebet vermischt oder synonym für einander benutzt. Auch wenn jede Definition letztlich willkürlich ist, so helfen die Unterscheidungen doch das Wesen des jeweils anderen genauer zu verstehen. Bedeutungen verschieben sich auch im Laufe der Zeit. Heutzutage werden alle inneren Prozesse durch die moderne Psychologie definiert und Begriffe aus früheren Epochen bekommen da oft einen Anklang von Mystik oder Aberglaube.

In dem Zusammenhang darf man auch nicht vergessen, dass der Begriff des Unbewussten relativ neu ist und erst durch Freud geprägt wurde. Inzwischen ist die Vorstellung des Unbewussten für das Bild, das wir uns vom Menschsein machen, nicht mehr weg zu denken. Viele Aspekte, die wir heute dem Unbewussten zuschreiben, wurden früher dem Göttlichen oder Dämonischen zugeordnet und viele Aufgaben der heutigen Psychologie wurden noch vor wenigen Jahrhunderten von Theologen übernommen. Um die hier vorgestellte Methode der Kontemplation also besser zu verstehen, unterscheide ich sie von Praktiken aus den religiösen Kontexten.

Zu kontemplieren bedeutet hier, für das Ergebnis offen zu bleiben und die eigenen Erwartungen und Urteile zunächst neutral zu beobachten statt unmittelbar auf sie zu reagieren. Kontemplation ist der Versuch, in einem speziellen Rahmen, intuitiv ein tieferes Verständnis für bestimmte Themen zu finden.

## 14. ABLENKUNGEN

OFT KÖNNEN WIR BEOBACHTEN, DASS UNS PLÖTZLICH andere Dinge im Leben wichtiger erscheinen, als sich ein paar Minuten Raum für eine Kontemplation oder Meditation zu geben, obwohl wir uns vielleicht in einem klaren Moment dafür entschieden hatten, eine Methode regelmäßig zu praktizieren. Und obwohl Kontemplation nichts Unangenehmes ist und fünfzehn Minuten nun wirklich kein großer Zeitaufwand, erscheint plötzlich alles attraktiv, was eine direkte Befriedigung verspricht.

Alle Aktivitäten, bei denen wir nicht wirklich nach innen schauen müssen, ziehen uns in solchen Momenten magisch an. „Ach, keine Lust", „nur noch mal eben was am Computer erledigen", „keine Zeit", „keine Ruhe".

Einerseits üben wir durch das Kontemplieren auf unsere Intuition zu hören, um besser herausfinden zu können, was uns wirklich gut tut. Andererseits sagt uns eine innere Stimme genau in den Momenten, in denen wir eigentlich kontemplieren wollten: „Och nöö, jetzt nicht!!!" Wie kann das sein?

Es sind natürliche Abwehrreaktionen des Unbewussten vor Veränderungen. Im Laufe des Lebens entstehen subjektive Erfahrungswerte und Reaktionsmuster für den Umgang mit den Widrigkeiten des Lebens.

Verurteile dich nicht für solche Ablenkungsreflexe. Erkenntnisse kann man ohnehin nicht erzwingen, im besten Fall kann man eine Bereitschaft und Offenheit für neue Erkenntnisse und Erfahrungen mitbringen.

Wenn du Glück hast, kannst du eine Wahlmöglichkeit bemerken. Eine Weggabelung, an der das eine Schild in die Richtung Vertrautes und Gewohntes zeigt und ein anderes in die Richtung Neues und Unbekanntes. Bevor dir die Entscheidung durch Reflexe abgenommen wird, beobachte die Neugier und Vorfreude auf unentdeckte Möglichkeiten sowie das Bedürfnis nach Sicherheit, Beständigkeit und Zerstreuung und treffe dann bewusst deine Wahl.

Die Vorstellung, Widerstände gegen das Kontemplieren überwinden zu müssen, ist unsinnig. Ein Samen öffnet sich auch nicht, weil er eigene Widerstände überwunden hat, sondern er öffnet sich erst dann, wenn die Bedingungen für eine Transformation in die neue Lebensform einer Pflanze gegeben sind. Das Wichtigste ist, dass es keine Frage von Schuld oder Faulheit ist, etwas nicht zu tun, was einem offensichtlich gut tun würde, sondern dass ein Vermeidungsimpuls einfach bedeuten kann, dass die richtigen Bedingungen noch nicht gegeben sind. Der Boden ist noch nicht feucht genug oder die Temperatur noch nicht warm genug für die Saat der Erkenntnis. Oft ist ein enormes Maß an Leid oder Verzweiflung nötig, bevor wir uns für neue Möglichkeiten öffnen können und Veränderungen im Leben zulassen.

Bei einer Überforderung wählt die Psyche immer die Verdrängung und Vermeidung eines Problems.

In freier Wildbahn lassen sich zwei Rivalen auch nur dann auf einen Kampf ein, wenn sie sich beide Gewinnchancen ausrechnen. Ist der Kampf für einen der Beteiligten offensichtlich aussichtslos, setzt automatisch der Fluchtreflex ein. Das Traurige daran ist nur, dass man in der Hitze einer Auseinandersetzung mit einem Gegenspieler oder einem Problem auf Grund der Bedrohung nicht mehr den neutralen Abstand finden kann, der auch Alternativen zum Kämpfen aufzeigen könnte.

Das Kontemplieren kann dir völlig neue Auswege zeigen, aber im Unbewussten wird die Beschäftigung mit einem Problem gleichgesetzt mit dem Kampf gegen einen ungleich stärkeren Gegner. Also ist Vermeidung die natürliche Reaktion. Statt dich über das eigene Unvermögen zu verurteilen, konzentriere dich lieber auf das, was bereit ist, das Licht der Welt zu erblicken. Ich bin davon überzeugt, dass es mit und ohne Kontemplation eine innere Führung gibt, die mehr weiß als die bewusste Wahrnehmung erkennen kann.

Kontemplation lässt sich nicht mit Therapie oder der Arbeit an Problemen vergleichen, die manchmal Überwindung kosten, um ein neues Verhalten lernen zu können. Themen, die einem „zu viel" sind, werden beim Kontemplieren gar nicht erst richtig greifbar. Die entscheidenden Fragen wollen dann einfach nicht auftauchen. Kontemplation funktioniert deshalb auch nicht immer und nicht für jeden. Oft bekommen wir erst dann eine Ahnung, dass die Wahrheit hinter einem schwierigen Thema auch eine ganz andere sein könnte, wenn wir an diesem Thema genug gelitten haben. Eine Neugier und ein dringendes „Wissenwollen" entstehen erst, wenn wir die Möglichkeit erkennen, die eigene Situation und Sichtweise aus eigener Kraft verbessern zu können. Wir werden dann empfänglich und offen für die richtigen Fragen und Antworten.

Widerstände richten sich gegen Druck, der von außen kommt, können sich aber auch gegen die Erwartungen an sich selbst richten. Wir erschaffen uns einen inneren Druck, wenn wir etwas von uns selbst erwarten, was uns bei Nichterfüllung abwerten würde, egal ob wir dann die Selbstachtung verlieren oder meinen, in den Augen der anderen zu versagen. Wer sich also in der ersten Euphorie vornimmt, jeden Tag zu kontemplieren, und sich dann schlecht fühlt, weil er es nicht eingehalten hat, der hat sich so einen unnötigen Druck geschaffen.

Einen für alle gleichermaßen gültigen Weg gibt es nicht. Die Verbindung des Spielerischen mit der ernsthaften Achtung vor dem Prozess ist hilfreicher als eine erzwungene Disziplin.

Das Kontemplieren hat keinen Selbstzweck, es ist eine Methode zur Bewusstwerdung, ein Medium, mit dem man Themen klären und Sachverhalte erfassen kann. Es bedarf eines inneren Bezugs zum Kontemplationsthema, in das man eindringen möchte. Vielleicht spürst du unbewusst, dass bestimmte Antworten auf dich warten, die gewisse Konsequenzen mit sich bringen und Veränderungen einläuten, die in unbekannte Gefilde führen. Das Unbekannte macht Angst und verführt uns gerne zur Ablenkung von der Kontemplation. Was dagegen zum Kontemplieren motiviert ist die Neugier, etwas Neues zu entdecken; die Bereitschaft, dem, was ist, unvoreingenommen ins Auge zu sehen; der Mut, dem Unbekannten zu begegnen und die Erinnerung, wie erleichternd es ist, eine befreiende Erkenntnis zu empfangen.

Verabredungen zu einem Treffen mit Menschen, denen du vertraust und mit denen du zusammen kontemplieren kannst, ist eine große Hilfe, um sich wieder unabhängig von den inneren Stimmungen auf die Suche nach den Dingen zu machen, die dir wirklich wichtig sind. Wenn du dich dazu entschließt, eine Forschungsreise zu einem bestimmten Thema zu beginnen, dann kann dir auch die Entscheidung helfen, jeden Tag über eine Frage des Themas zu kontemplieren, ohne jedes Mal zu fragen, ob auch die Lust dazu da ist.

## 15. MOTIVATION

DIE MOTIVATION, MIT DER DU AN DIE KONTEMPLATION herangehst, hat einen großen Einfluss auf das, was dabei herauskommt. Achte deshalb darauf, deine eigenen Motivationen zu erkennen und anzunehmen oder sie gegebenenfalls zu ändern. Alle Motivationen des Menschen lassen sich letztlich auf zwei Urmotivationen zurückführen, die darin bestehen, entweder Leid zu vermeiden oder nach Glück (oder nach dem „Guten") zu streben.

Auch das „selbstlose" Bemühen einem anderen zu helfen, geschieht in der Erwartung, eine Form von Glück zu erschaffen. Und auch die scheinbar sinnlose Zerstörungswut, sei es aus Rache, Verzweiflung oder emotionaler Unausgeglichenheit, geschieht aus dem Urimpuls, etwas Negatives bekämpfen zu wollen. Die Vermeidung und auch das Streben nach etwas sind im Leben meist unmerklich miteinander verwoben und dennoch unterscheiden sie sich elementar voneinander. Jeder neue Schritt vermeidet beim Gehen, dass wir Umfallen und gleichzeitig kommen wir mit jedem neuen Schritt einem angesteuerten Ziel näher.

Beim Kontemplieren – der Suche nach einem tieferen Verständnis – wird deshalb auch unsere Motivation entweder durch ein „weg von" oder durch ein „hin zu" bestimmt. Das „hin zu" entspricht dem Streben nach Glück und das „weg von" der Vermeidung von Leid.

Diese beiden Richtungen der Absicht haben eine wichtige Bedeutung beim Erschaffen der eigenen Realität. Fast jede Suche hat ihren Ursprung in einem „weg von". So auch die Suche nach Erkenntnis, die dem Überdruss der Sinnlosigkeit und dem Leid der wiederkehrenden Enttäuschungen im Leben entspringt.

Manchmal entsteht im Leben eine innere Leere, wenn Ideale und Werte ihre Bedeutung verlieren, oder wenn ihre Realisierung auch nicht mehr Glück und Lebensqualität gebracht haben. Dann kann es sein, dass du zunächst nur den Impuls „weg von" bekommst, ohne zu wissen, wohin es weitergehen soll. Diese Leere fühlt sich zwar furchtbar an, ist aber der erste Schritt für eine elementare Umorientierung.

Alle Ambitionen, Absichten, Ziele und Erwartungen sind mehr oder weniger an Emotionen gekoppelt. Sie sind der Treibstoff der Bewegung, aber sie bereiten uns auch Fallen, in die wir immer wieder tappen.

DIE FALLEN DES „WEG VON"

Weil man Schmerz, Leid oder auch Angst verspürt, wird der Impuls für präventives Verhalten ausgelöst und ein natürlicher Schutzreflex eingeleitet. Das Gefühl der Dringlichkeit für eine Präventivmaßnahme wird umso intensiver empfunden, wenn eine leidvolle Situation bereits öfter erlebt wurde, oder wenn ein emotionaler Zusammenhang zu älteren Schmerzerfahrungen da ist. Der erinnerte Schmerz addiert sich zum aktuellen Schmerz, das kann dann zu Überreaktionen führen, die der aktuellen Situation nicht mehr angemessen sind. Eine gern genommene Falle ist also, wenn wir aus einer Situation akkumulierten Schmerzes, weitreichende Entscheidungen treffen. Wenn wir gar nicht mehr merken, dass eine Affektreaktion auf einen unerträglichen Schmerz keine angemessene Entscheidungsgrundlage für eine Lebensplanung ist, sondern lediglich die Entladung einer Überspannung.

Die andere Falle der Vermeidung ergibt sich aus der Tatsache, dass unser Unbewusstes ein Nein zu einer Sache nicht verarbeiten kann. Jede Erinnerung besteht aus einem Inhalt, der durch die Verbindung mit Gefühlen und Sinneseindrücken Substanz bekommt. Wir können zwar sprachlich eine Verneinung ausdrücken, werden aber das Verneinte unbewusst immer wieder zurück ins Bewusstsein rufen. Wenn wir z. B. versuchen, nicht an ein bestimmtes Problem zu denken, wird es durch den intensiven Versuch der Vermeidung umso präsenter. Spätestens wenn man nach einer erfolgreichen Verdrängungsmaßnahme nachschaut, um zu überprüfen, ob es noch da ist, wird sich das Problem durch die geöffnete Tür wieder auf die Bühne der Aufmerksamkeit drängeln. Werde dir bewusst, wie du dich in Wirklichkeit immer mehr mit dem verstrickst, was du eigentlich vermeiden möchtest, indem du auf der Ebene des „weg von" bleibst.

## DAS „WEG VON" HAT SEINE BERECHTIGTE FUNKTION ALS AKUTE SCHUTZMASSNAHME

So wie wir durch den Schmerz, der durch die Hitze einer Flamme ausgelöst wird, genügend Abstand halten, um ein Verbrennen zu vermeiden, so schützt uns diese Funktion auch vor Gefahren im Alltag und vor akuten emotionalen Überforderungen. Der Impuls der Vermeidung leitet – wenn er nicht mit Schmerz und Angst überladen ist – wichtige Überlebensmaßnahmen ein und kann durchaus die elementare Voraussetzung für unser menschliches Wohlbefinden schaffen.

Dafür ist es wichtig, den Unterschied zwischen der Notwendigkeit für ein angemessenes Verhalten und einer Vermeidungsstrategie zu bemerken, die genau das stimuliert, was eigentlich vermieden werden soll. Um die Wiederholung von leidvollen Situationen vermeiden zu können, müssen wir die eigentlichen Ursachen für das Leid und die Situation verstehen. Das kann mit Hilfe der Kontemplation selbst erforscht werden. Eine elementare, persönliche Forschungsreise für dieses Verständnis verbirgt sich hinter der Frage: „Was bedeutet Leid für mich?" Es lohnt sich, mit dieser Frage einen ganzen Zyklus von Kontemplationen zu verbringen. Das Thema füllt zwar schon ganze Bibliotheken, aber nichts ist hilfreicher als das Verständnis, das du selbst darüber entwickelst.

An einem bestimmten Punkt der Suche kommt ein Wendepunkt. Die Suche nach Ursachen und den Möglichkeiten der Vermeidung von Leid braucht dann eine neue Richtung: Die Ausrichtung zum „Eigentlichen", da wo es stattdessen hingehen soll. Ein positives Bild mit einer euphorisierenden Anziehungskraft muss erschaffen werden, damit eine Neuorientierung alte schmerzhafte Wiederholungen ablösen kann.

### DAS „WEG VON" WIRD ZU EINEM „HIN ZU"

Der Grund dafür, dass Kontemplation im Zusammenhang mit Gottesvorstellungen gelehrt wurde, liegt darin, dass Gott für die Gläubigen das Höchste und Wertvollste menschlicher Vorstellungskraft repräsentiert. Das Entscheidende für das Funktionieren der Kontemplation lag nicht darin, dem einzig „wahren" Gott gefällig zu sein, sondern in der Motivation vom Herzen nach dem höchsten, positiven Wert zu streben.

Wie schon gesagt, entspricht das „Hin zu" dem Streben nach Glück. Das Streben nach Glück ist weniger impulsiv als das Vermeiden von Leid, aber es ist ebenso mit Emotionen verknüpft. Und so birgt das Streben nach Glück einige Fallen, in die wir immer wieder gerne tappen.

Die euphorisierende Wirkung einer positiven Vision verleiht uns Flügel und Schaffenskraft die wichtig sind, damit wir Veränderungen auch angehen und über schwierige Phasen weiterverfolgen. Die Falle dieser Funktion liegt darin, dass wir unbewusst erwarten, mit dem Erreichen dieser positiven Vision einen dauerhaften Glückszustand herstellen zu können. Wenn diese Erwartung nicht bemerkt wird, ist eine Enttäuschung vorprogrammiert und bei Wiederholungen führt sie dann zur Resignation. Um Enttäuschungen zu entgehen, kann sich auch eine Sucht nach immer neuen Visionen und Zielen einstellen, die dann auch ein Vollenden und Ankommen vermeidet. Glück und Leid sind unsere Ur-Motivationen, die auf der physischen Ebene aus Lust und Schmerz erwachsen sind. Sie ergeben eine Einheit, sie definieren sich gegenseitig.

Glück wird in unserem Sprachgebrauch leider nicht sehr differenziert beschrieben und führt deshalb, allein durch die Bedeutungsüberlagerung von verschiedenen Glücksphänomenen, zu Irrtümern. Egal welche äußeren positiven oder negativen Umstände eintreten, unsere Glücksstimmungen unterliegen immer auch den hormonellen Schwankungen unserer Biochemie. Wenn im Körper nicht die entsprechenden Botenstoffe ausgeschüttet werden, haben wir auch im Paradies kein Glücksempfinden. Hochs oder Tiefs sind also nicht unbedingt aussagekräftige Indikatoren dafür, wie glücklich und zufrieden man grundsätzlich im Leben ist. Eine statistische Auswertung dieser Stimmungen würde auch zu keiner objektiven Bewertungsmatrix führen, mit der man das Glück bemessen könnte. Es gibt einfach verschiedene Ebenen, Faktoren und Glücksempfindungen, die alle unter den Sammelbegriff Glück fallen.

Eine weitere Falle entsteht dadurch, dass wir für die Bestimmung eines Zustands immer einen Vergleich brauchen. So ermitteln wir die Bedeutung unseres Leidens- oder Glückszustands neben der physischen Stimmung maßgeblich durch den Vergleich. Und dafür ist entscheidend, welche Daten wir für den Vergleich heranziehen. Vor allem die Vergleiche zur Selbstdefinition bestimmen, für wie glücklich wir uns halten. Die beliebtesten Maßstäbe sind Erfolg, Geld, Macht, Freiheit, Einfluss, Attraktivität, Beliebtheit. Nimmt man also den nächst höheren Wert zur Bestimmung der eigenen Situation, fällt das Ergebnis entsprechend negativ aus und umgekehrt. Beispiel: Ein Kind hat auf einer Geburtstagsparty beim Topfschlagen ein Spielzeug gewonnen und ist im ersten Moment über den neuen Gewinn „glücklich". Wenn es dann später erfährt, dass alle anderen Kinder mehr oder bessere Spielzeuge bekommen haben, führt der Vergleich sofort zu einer Enttäuschung und der gleiche Umstand, der ohne Vergleich glücklich gemacht hat, führt im Verglich zum „unglücklich sein". Der Vergleich ist für das Ermitteln des eigenen Glücks bestimmender als die vermeintliche Ursache.

Nicht zu bemerken, wie und womit wir uns bei der Suche nach Glück vergleichen, ist also eine Falle, in die wir oft tappen.

Die Glücksermittlung per Vergleich bringt ein weiteres Phänomen mit sich: die Abhängigkeit von der Dualität; das bedeutet, dass die allgemeine Erfahrung von Glück immer ihr Gegenteil braucht, um überhaupt als solches wahrgenommen werden zu können. Die Gipfel des Glücks definieren sich also durch die Täler des Leids.

Die Erwartung von einem dauerhaften Glückszustand muss also schon aus der Natur der Sache zu immer wiederkehrenden Enttäuschungen führen. Besonders, wenn man dazu die Erfüllung des Glücks an Bedingungen knüpft, die ohnehin dem ständigen Wandel des Lebens unterliegen. Besonders spannend ist also die Frage nach einem erfüllten Zustand, der nicht an Bedingungen geknüpft ist. „Was bedeutet Glück für mich?"

Mit dieser Frage kann eine Forschungsreise für dich beginnen, die dir ein tieferes Verständnis dieses zentralen Themas eröffnet.

**Was motiviert mich überhaupt dazu, eine Kontemplation zu machen?**

Der Wunsch nach Klärung für ein Problem?
Das intellektuelle Wissen, dass es mir ja gut tut, mich innerlich mit den wichtigen Fragen in meinem Leben zu befassen?
Oder die Disziplin, für die ich mich entschieden habe?
Oder sind es einfach magische Momente, ohne direkte Absicht, die mich auf das Kontemplationskissen locken?
Warum sagt mir meine Lust so oft, dass Ablenkung süßer ist als nach innen zu schauen?
Und warum höre ich so oft lieber auf die Weisheiten anderer als auf meine eigene innere Stimme?

Die eigenen Motivationen zu hinterfragen bzw. sie überhaupt wahrzunehmen, ist enorm hilfreich.

## 16. AUSTAUSCH ÜBER KONTEMPLATION

DIE EIGENEN ERLEBNISSE, BILDER ODER ERKENNTNISSE jemandem zu erzählen, der auch mit der Methode vertraut ist, verhilft oft zu einer neuen Klarheit, da man selbst über alles noch mal anders reflektiert, wenn jemand zuhört. Sich selbst beim Erzählen durch die Ohren eines anderen zu hören, lässt das eigene Thema aus einer anderen Perspektive deutlicher werden. Allerdings nur so lange, wie nicht alles zerredet wird und die Beteiligten im Austausch auf einige wesentliche Dinge achten.

Im Zweiergespräch beginnt erst der eine für eine bestimmte Zeit seine Erfahrungen mitzuteilen, dann kann der andere nachfragen oder sagen, was ihm dazu hilfreich erscheint. Da eventuell über sehr tiefe innere Prozesse gesprochen wird, ist ein Austausch nur unterstützend, wenn man sich mit viel Respekt begegnet und auch beim Zuhören und Antworten versucht, nicht zu urteilen.

In einer kleinen Runde bekommt einer nach dem anderen Zeit, von seinen Erlebnissen zu berichten, ohne dass er unterbrochen wird. Wem danach etwas Hilfreiches einfällt, der kann dieser Person seine Einsicht zu dem Thema mitteilen. Aber nur, wenn er auch sicher ist, dass derjenige gerade dafür offen ist. Im Zweifelsfall ist es besser, kurz nachzufragen, ob die Mitteilung der eigenen Eindrücke überhaupt erwünscht ist.

In einer Runde ist es gut, darauf zu achten, dass

der Austausch nicht in eine allgemeine Diskussion ausufert und dass jeder gleich viel Zeit bekommt. Spätestens nach einer Stunde lässt die Aufmerksamkeit für das Zuhören nach, also sollten die Beiträge so eingeteilt werden, dass auch der Letzte seinen Raum bekommt und nicht nur in abwesende, müde Augen schauen muss. Wenn das nicht angeleitet wird, muss jeder auf seine eigene Beitragslänge achten.

Sich mitzuteilen hilft nur, solange man dabei mit sich selbst ehrlich bleiben kann. Es sollte sich niemand genötigt fühlen, etwas zu sagen, und sich beim Erzählen immer frei fühlen, so zu berichten, dass es ihm nicht unangenehm ist. Es ist auch möglich, indirekt von Dingen zu erzählen, die in einem vorgehen, ohne dass man dabei auf eventuell peinliche Details eingehen müsste. Man kann sich auch über das Prinzip, das hinter den Themen und konkreten Bildern steckt, austauschen und dabei entscheidende Zusammenhänge entdecken, ohne sie selbst zu benennen, wenn man das nicht möchte.

Zum Beispiel beschäftigen dich Ängste vor Ablehnung. In dem Fall müsstest du nicht die Details deiner Ängste oder Sehnsüchte beschreiben, dennoch könntest du bei einem Austausch etwas über die zugrunde liegenden Mechanismen deiner Ängste verstehen.

Unterstützend ist, sich gegenseitig dabei zu helfen, eine weiterführende Frage zu formulieren oder überhaupt erstmal das eigentliche Thema zu fassen zu kriegen. Als Hilfe-Gebender ist es gut zu wissen, dass alle Tipps auch immer für einen selbst gut sind und dass es für jeden Suchenden am Wertvollsten ist, wenn er die Antworten aus sich selbst herausfindet. „Müsste... und sollte..." löst bei fast allen Menschen einen inneren Widerstand aus. Beim Feedback kann auch schnell das eigene Mitteilungsbedürfnis mehr Raum einnehmen als das Thema desjenigen, der sich gerade mitgeteilt hat. Deshalb ist es respektvoller, wenn jeder darauf achtet, dass er selbst nicht mehr redet oder Raum einnimmt, als derjenige, der gerade dran ist.

Und, wer kennt das nicht: Es ist natürlich immer viel leichter, den springenden Punkt beim anderen zu sehen als bei sich selbst. Wenn man den Anderen allerdings als eine Art Spiegel für sich selbst betrachtet, kann man in einem ehrlichen Austausch auch immer viel über sich selbst lernen.

Ein offenes Ohr, das versucht, urteilsfrei zuzuhören, ist ein großes Geschenk. Sprache und Kommunikation sind wichtige Instrumente bei der Gestaltung unserer Wirklichkeit. Zum einen, weil wir in Sprache denken und in ihr eine reproduzierbare Logik und Orientierung für unser rationales Denken finden. Zum anderen, weil wir über Sprache miteinander kommunizieren und so an hilfreiche Informationen aus dem Erfahrungsschatz eines anderen kommen, die uns sonst verborgen geblieben wären. Allerdings macht die Sprache in der Kommunikation nur ca. 30% aus, die restlichen Informationen beziehen wir überwiegend unbewusst aus nonverbalen Signalen, sozialen Kontexten und situationsbedingten Umständen. Im Austausch miteinander kann es sehr aufschlussreich sein, die verschiedenen Ebenen einer Kommunikation zu kennen und sie zu beobachten.

Die erste Ebene, die im Allgemeinen bewusst beachtet wird, ist die Inhalts- oder Sachebene, also das Thema, über das man spricht.

Die zweite Ebene ist die Beziehungsebene, auf der abgeklärt wird, in welcher Beziehung die beiden Kommunikationspartner zueinander stehen.

Die dritte Ebene ist die Intentions- oder Erwartungsebene, auf der, verdeckt oder offen, bewusst oder unbewusst, vermittelt wird, was man vom anderen erwartet oder welche Absicht man im Kontakt zu dem anderen hegt – also welchen Appell man versendet.

Auf der vierten Ebene offenbart man, gewollt oder ungewollt, etwas von der eigenen Person, die Selbstoffenbarungsebene. Wenn Sender und Empfänger, ohne es zu merken, ihren Schwerpunkt auf unterschiedlicher Ebene haben, kommt es unweigerlich zu Missverständnissen. Diese Kommunikationsebenen hat Schulz von Thun in seinem Buch „Miteinander Reden" entwickelt.

Versuche bei deinem nächsten Austausch einfach auf diese Ebenen zu achten. Ein Austausch über die Erfahrungen beim Kontemplieren mit anderen kann sehr unterstützend sein. Die Treffen zum Austausch geben oft den letzten Anstoß, sich wieder mit der Kontemplation bzw. mit den eigenen inneren Prozessen zu beschäftigen, was man aus eigenem Antrieb vermutlich nicht gemacht hätte. Aber auch hier gilt: tue nur, was sich richtig anfühlt. Dich zu etwas zu zwingen, hilft auch anderen nicht.

**KONTEMPLATION**

**Was ist das Wichtigste, was sich mir in Kontemplationen bisher offenbart hat?**

- Gut, sich immer wieder zu besinnen und auf mich einzulassen.
- Das Gefühl, dass sich Gefühle schnell ändern können und ich Einfluss auf meine Gedanken habe.
- Dass es mir immer leichter fällt, mich zurückzulehnen.
- Wie schön es ist, bestimmte Räume mit Menschen zu teilen, egal wo jeder gerade steht.

## 17. INTUITION UND RATIO

POETISCH AUSGEDRÜCKT, BEDEUTET KONTEMPLATION, die Weisheit des Herzens mit der des Verstandes zu vereinen. Intuition und Ratio sind in der Kontemplation so ein gutes Team, weil wir die lebensbestimmenden Umstände zum einen rational, reflektiv und zum anderen intuitiv, instinktiv erfassen und verarbeiten. Diese beiden Methoden unterscheiden sich grundsätzlich voneinander und können sich sogar im Ergebnis bei ein und derselben Sache widersprechen. Wenn uns z. B. ein Mensch begegnet, der sich durch sein Verhalten und seine Rolle als freundlich und wohlgesonnen darstellt, so kann der Instinkt trotzdem sagen: „Mir ist dieser Mensch aus unerfindlichen Gründen unsympathisch und ich traue ihm nicht". Viele werden das umgekehrte Phänomen kennen: Jemanden anziehend finden, der rational betrachtet, ganz offensichtlich nicht der passende Partner ist.

Intuition und Ratio ergänzen sich und sind jeweils auf ihre Art wahr. Sie unterscheiden sich in ihrer Funktion. In der rechten Gehirnhälfte werden die empfangenen Reize überwiegend intuitiv verarbeitet und in der linken rational.

Die Ratio befähigt uns zu analytischem, strategischem Denken und ist darauf spezialisiert, die Kausalitäten der Erscheinungen zu erfassen, was für die langfristige Lebensplanung wichtig ist. Rationales Denken ist die Basis wissenschaftlicher

Forschung, von der heute unsere allgemein gültige Wirklichkeit definiert wird. Nach rationalen Prinzipien muss jede Erkenntnis und jedes Ergebnis auf nachvollziehbare Ursachen zurückzuführen sein.

Instinkt und Intuition sind für unsere Reflexe wichtig. Sie können aus gigantischen Datenmengen blitzschnell Zusammenhänge herstellen, die bewusst gar nicht zugänglich sind. Woher und wie ihre Information so schnell auftauchen können, ist weder nachvollziehbar noch beweisbar. Es können unerklärbare Bilder oder Gefühle auftauchen, die trotz unbekannter Quelle eine wichtige Bedeutung haben können.

So wie sich der rationale Verstand einfach mal verrechnen kann oder unbemerkt „Äpfel mit Birnen vergleicht", so ist auch die Intuition nicht unfehlbar. Die innere Stimme der Weisheit kann mit der Stimme der Angst verwechselt werden. Schützende Vorahnungen sind etwas anderes als drohende Befürchtungen. Und ein intuitives Erkennen ist etwas anderes als unbewusste Vorurteile. Informationen, die wir aus dem riesigen Pool des Unbewussten bekommen, empfangen wir intuitiv, also spontan, sie sind bewusst nicht steuerbar und mit emotionalen Informationen verknüpft. Im Gegensatz dazu stehen die bewusst zugänglichen Erinnerungen und Informationen, die wir bis zu einem gewissen Grad steuern und bewerten können.

Die Schwierigkeit bei der Intuition ist, die inneren Stimmen zu unterscheiden: Welche Stimme sagt unmittelbar und untrüglich, das was wahr ist, und welche Stimme stellt durch Assoziationen mit Schmerzerfahrungen und Ängsten unpassende Zusammenhänge her.

Bestimmte spontane Eingebungen, die man üblicherweise intuitiv nennen würde, können zu falschen Schlüssen führen, wenn gespeicherte Erfahrungswerte auf neue Situationen übertragen werden. Wenn wir z. B. versuchen, einen Menschen aus einer fremden Kultur einzuschätzen, fehlt uns einfach der Kontext, um bestimmte Signale richtig deuten zu können.

Schlüsselreize, die an negative Erlebnisse gekoppelt sind, lösen oft spontan Warnsignale aus und können zu unangemessenen Reaktionen auf die gegenwärtige Situation führen. Das ist dann zwar eine instinktive, aber keine intuitiv weise Reaktion.

Hier einige Hinweise, die helfen können, zu unterscheiden, ob man sich durch bestimmte Schlüsselreize irreführen lässt und wann spontanes Erkennen weise ist.

Einschätzungen und Eindrücke, die von Befürchtungen, Ängsten, starken Wünschen oder Hoffnungen begleitet werden, erscheinen meist alarmierend. Sie haben eine drängende Intention, wollen etwas erreichen oder vermeiden!

Ein weises Erkennen fühlt sich weniger drängend an und ist auf eine Art befreiend, einleuchtend; es ist neutraler wie eine Spiegelung und doch von der Qualität des Herzens begleitet. Das, was in Erscheinung tritt, kann zunächst unverständlich oder unlogisch sein. Die eigentlichen Zusammenhänge und Bedeutungen können sich unter Umständen erst viel später offenbaren. Der erste unzensierte Blick ist der Wahrheit meist am Nächsten – noch bevor sich vergangene Erfahrungen über das Gesehene legen und es einfärben und bewerten.

Es gibt in uns ein zweifelsfreies Erkennen, so wie der Moment des Aufwachens, in dem kein Zweifel mehr darüber besteht, ob man noch schläft oder bereits wach ist. Diese Art des Erkennens kann uns sagen, was für uns wirklich stimmt und gut ist, was wahr und was Projektion ist.

Projektionen und Emotionen lösen sich jeweils gegenseitig aus und werden von unseren Überlebensinstinkten stimuliert. Sie haben einen starken Einfluss auf unsere Reaktionen. Im Überlebenskampf war es sicher nützlich auf Gefahren, durch diesen Rückkopplungseffekt, reflexartig reagieren zu können. Aber für eine weise Lebensplanung sind diese Instinkte hinderlich. Ängste färben unsere Wahrnehmung ein und verstellen den direkten Blick auf das, was ist.

Das Schöne beim Kontemplieren ist, dass man einen angstfreien neutralen Beobachtungsraum aufsuchen kann, der keinerlei Druck ausübt. So können Informationen auftauchen und Zusammenhänge erkannt werden, die unter Stress oder sonstigen Alltagsbedingungen nicht zugänglich sind. Unsere intuitive innere Weisheit haben wir im Alltag oft sozialen Zwängen geopfert. Wenn wir anfangen den Wahrnehmungen der anderen mehr zu trauen als unseren eigenen, werden wir zwar sozial kompatibler, verlieren aber auf Dauer unser Selbstvertrauen.

Die meisten Verwirrungen entstehen durch Selbstzweifel. Das Erkennen von Wahrheit befreit davon und macht uns alle gleich wertvoll, selbst wenn wir unterschiedliche Standpunkte und Perspektiven haben. Intuitiv können wir beim Kontemplieren auf einen unendlichen Datenspeicher zugreifen. Durch bewusstes Reflektieren und Nachdenken kann im Bewusstsein nur eine sehr begrenzte Anzahl von Aspekten und Verbindungsmöglichkeiten erfasst werden.

Das kann man sich gut an Hand des Schachspiels verdeutlichen: Jeder Zug hat bestimmte Konsequenzen, auf die der Gegner mit einer Vielzahl von Gegenzügen reagieren und auf die dann wieder mit vielen Optionen reagiert werden kann. Die Verkettungen von Zügen und möglichen Gegenzügen vermehren sich mit jedem Schritt exponentiell. Das bedeutet, rational können wir nur ein paar Schritte berechnen, vorausgesetzt, wir kennen wie beim Schach alle Zugmöglichkeiten. Im Leben kennen wir selten alle Wechselwirkungen und müssen auf vereinfachende Schemata zurückgreifen, um unser Verhalten noch irgendwie „rational" erklären zu können. Die Anzahl der Daten, die wir bewusst miteinander vergleichen können, ist begrenzt. Intuitiv kann eine viel größere Zahl an Daten und Verknüpfungen durchsucht und selektiert werden, allerdings sind die Auswahlkriterien nicht kontrollierbar, weil das Unbewusste befragt wird.

Intuitives Erkennen braucht eine rationale Form, um in Sprache gedacht und kommuniziert werden zu können. Es geht zwar manchmal auch ohne, z. B.

wenn ein Blick mehr sagt als tausend Worte. Möchte man die spontanen Eindrücke jedoch erklären, müssen sie mit Hilfe der Ratio in Sprache und Bedeutungszusammenhänge übersetzt werden. Die Bausteine der Ratio sind sprachliche Sinnbilder, die klar definierbar und vergleichbar sein müssen. Die Bausteine der Intuition sind eher Traumbilder, Assoziationen zu Sinneseindrücken wie Gerüchen, Bildern und Klängen die nicht klar definierbar sind. Die Brücke zwischen beiden sind die Gefühle. Gefühle geben unseren sprachlichen Sinnbildern erst Bedeutung und öffnen zugleich die Tür zum Unbewussten. So können beim Kontemplieren Traumbilder in rationale Sinnbilder übersetzt werden, die einen sehr konkreten Bezug zum Leben haben.

Eine Teilnehmerin aus einem Kontemplationskurs hatte die Frage, wie sie am Besten mit ihrer impulsiven Art umgehen sollte? In der Kontemplation tauchte das Bild eines Bären auf, der sich unwohl fühlte, weil er nicht genug Platz hatte. Sie konnte dieses Bild für sich gut nutzen: Der Bär stand für ihre impulsive Art, für die es aber in ihrem strukturierten Leben kein Platz gab. Ihr wurde dadurch klar, dass sie in ihrem Leben mehr Raum für Impulsivität und Spontanität schaffen sollte.

Rationales Denken ist in der Lage, in Schachteln zu denken und kann so abstrakte Informationen verarbeiten. Es kann Informationen verarbeiten, die nicht aus eigenen Erfahrungen stammen, sondern erlernt sind. Sie müssen nur wie Puzzelstücke in das Gesamtbild passen und Kausalitäten erklären können. Wir können z. B. die Regeln des Straßenverkehrs erlernen und nach ihnen fahren, ohne je auf eigene Erfahrungen möglichen Risikoverhaltens zurückgreifen zu müssen.

Forscher schätzen, dass pro Sekunde elf Millionen Sinneseindrücke auf uns einstürmen, aber nur maximal 60 davon dem Bewusstsein zugänglich sind. Wenn wir einen uns fremden Menschen einschätzen, geschieht dies in den ersten 100 Millisekunden (der Länge eines Blinzelns). Die Einschätzung, ob der andere vertrauenswürdig, attraktiv oder kompetent ist, wird in der Regel auch nach längerer Prüfung nicht mehr geändert. Diese ersten Eindrücke beruhen auf emotionalen Signalen. Durch rationale Überlegungen werden diese unbewussten, emotionalen Signale allerdings behindert.

Intuition ist eher eine Befürchtung, wenn sie mit Ängsten und Selbstzweifeln oder auch mit unerfüllten Wünschen und Hoffnungen überlagert wird. Dann entstehen die bekannten Teufelskreisläufe im Kopf: Das sorgenvolle Nachgrübeln. Das ist dann im Prinzip ein Überlebensinstinkt, der sich festgefahren hat. Spontan auftauchende Erscheinungen, die sich mit Angstempfindungen mischen, werden zu Befürchtungen, sogenannte „böse" Vorahnungen, die aber auch keine verlässlicheren Rückschlüsse für präventives Verhalten zulassen.

Die Intuition des „Herzens" ist dagegen leichter zugänglich, wenn keine akuten Bedrohungen gefühlt werden. Das intuitive Erkennen kann geschult werden und zu erstaunlich hilfreichen Voraussagen führen. Aber man sollte nicht vergessen, dass Voraussagen immer nur für gewisse Ausschnitte möglich sind und nie mit absoluter Sicherheit eintreffen, denn die Zukunft ist von ihrem Wesen her einfach offen. Sie kann nicht so festgelegt sein wie die Vergangenheit, sonst gäbe es keine Freiheit und Entwicklung.

Intuition und Ratio ergänzen sich bei unserer Suche nach optimaler Orientierung im Leben. Und bei der Suche nach Selbsterkenntnis sind beide gleich wichtig.

Die Phase des Empfangens beim Kontemplieren ist ganz der Intuition gewidmet, erst danach, wenn du deine Notizen betrachtest und entscheidest, was die Informationen bedeuten und welchen Punkt du weiterverfolgen willst, wird der rationale Verstand dazu geschaltet und macht aus den empfangenen Eindrücken verwertbare Informationen. In dem Moment, in dem du weißt, was der zentrale Punkt der Kontemplation war und sich eine Entwicklungsrichtung abzeichnet, haben sich intuitives und rationales Verstehen vereint.

## 17. DER UNTERSCHIED ZWISCHEN INFORMATION UND ERKENNTNIS

ES GIBT EINEN QUALITATIVEN UNTERSCHIED ZWISCHEN dem Erkennen selbst und der Kenntnis von Informationen und ihren kausalen Zusammenhängen. Wir neigen dazu, der Information eine größere Bedeutung zuzuschreiben, als dem Prozess des Erkennens. Deshalb möchte ich auf die Unterscheidung von Information und Erkenntnis eingehen. Gut informiert zu sein, heißt noch nicht zu verstehen. Und zu verstehen heißt nicht, alle Details zu kennen oder alles erklären zu können.

Die Menge an Wissen (gesammelte Information) kann zwar sehr beeindruckend sein, muss aber nicht weise machen. Auch die „richtigen" oder vermeintlich bedeutendsten Informationen müssen selbst die intelligentesten Menschen nicht unbedingt transformieren. Dafür kann ein Mensch ohne akademisches Wissen, weiser sein als ein gelehrter Professor. Die Beschäftigung mit Information kann zu Erkenntnissen führen, aber das Erkennen selbst wird nicht durch den Zugang aller relevanter Fakten und ihrer Zusammenhänge verursacht.

Ein Computer kann z. B. mit allen Informationen der Welt gefüttert werden und gegebenenfalls auch alle logischen Verknüpfungen herstellen, aber die Erfahrung von Verständnis kann er deshalb trotzdem nicht machen. Die Qualität einer tiefen Erkenntnis ist eine speziell menschliche Erfahrung.

Sie ist es, worum es bei der Kontemplation geht. Der menschliche Drang verstehen zu wollen, ist biologisch bedingt und gilt in erster Linie den verwertbaren Informationen, durch die sich das Überleben, die Fortpflanzung und das allgemeine Wohlbefinden positiv beeinflussen lassen.

Die Suche nach Wissen beginnt mit dem Wunsch das eigene Leiden zu überwinden sowie Glück und Wohlbefinden zu optimieren. Dabei zielen die Fragen auf die „richtigen Informationen" ab, die für eine hilfreiche Orientierung wichtig sind. Es ist natürlich wichtig, falsche Informationen von richtigen zu unterscheiden, z. B. ob ein Pilz essbar oder giftig ist.

Im Alltag kommt es meistens auf die Funktion von Informationen an. Ein Chef ist z. B. daran interessiert, dass seine Mitarbeiter, die arbeitsrelevanten Informationen produktiv umsetzen. Die Ebene des Verstehens ist für ihn nur soweit von Belang, wie es die Produktivität beeinflusst. In der Schule bekommen Schüler für richtige Lösung gute Noten, egal ob sie wirklich etwas verstanden haben.

Darüber hinaus hat der Mensch aber schon immer eine Sehnsucht nach einem tieferen Verstehen entwickelt, das keinen direkten Nutzen in Aussicht stellt. Eine Sehnsucht danach, sich selbst und das Mysterium des Lebens zu verstehen.

## AUS DER „SUCHE NACH WISSEN" WIRD „DIE SUCHE NACH ERKENNTNIS"

Die Fragen nach Sinn, Sein und Seligkeit im Leben, lassen sich nicht allein durch „richtige" Informationen beantworten. Solche Fragen ernsthaft beantworten zu wollen, führt bei vielen Menschen zu einem inneren Entwicklungsprozess. Wobei objektive Wahrheiten denen nachstehen, die einen selbst innerlich tief umwälzen können. Ob Gott die Welt wirklich erschaffen hat oder nicht, ist bei nur dann relevant, wenn derartige Reflektionen zu einer Bewusstseinserweiterung führen. Der objektive Wahrheitsgehalt spiritueller Erkenntnisse ist bei dem Prozess der Bewusstwerdung zweitrangig! Und die Tatsache, dass bestimme Informationen manche Menschen tief bewegen können, ist kein Indiz für ihre universelle Gültigkeit.

Als die Menschheit noch nicht so viel Wissen zusammengetragen hatte wie heute, als noch mehr Aberglaube vorherrschte und das Leben noch mehr in mystischen Gleichnissen erklärt wurde, waren trotzdem nicht weniger Menschen in der Lage, Bewusstseinssprünge von enormen Ausmaßen zu vollziehen. Aber die Gefahr, dem Glauben anheim zu fallen, etwas auf spiritueller Ebene besser zu wissen als andere ist damals so groß wie heute. Wichtig ist, die eigene Entwicklung ernst zu nehmen, die Bilder, Assoziationen und Einsichten im eigenen Kontext zu verstehen, sodass sie zu einer konkreten Lebenshilfe werden können.

Erkennen bedeutet einen lebendigen Bezug zu einer höheren Ordnung zu entdecken. Sehr leicht erliegen wir dem Eindruck, Erkenntnis könne allein aus dem Zugang zu richtigen Informationen entstehen. Aber Erkennen geht über rationales Begreifen hinaus. Es ist ein innerer Prozess zu dem niemand überredet oder gezwungen werden kann.

Auf der persönlichen Wahrheitssuche stößt fast jeder auf Erfahrungen, die in kein vorgegebenes Schema mehr passen und sich auch sonst nicht erklären lassen. Dann kann eine Sehnsucht nach dem Erkennen selbst auftauchen, einem Erkennen das auch unabhängig von Form, Inhalt oder Nutzen als wertvoll erlebt wird. Das ist der Übergang von den Inhalten der Kontemplation zu dem inneren Raum der Meditation, wenn nichts mehr nach geistiger Klärung strebt, wenn sich eine Klarheit im Sein ausbreitet.

## 18. „DAS DENKORGAN" – DIE FUNKTIONEN DES VERSTANDES

DIESES KAPITEL IST FÜR DIE METHODE DES KONtemplierens nicht bedeutend, aber die Beschäftigung mit dem Thema „Denken" hat mir geholfen zu verstehen, wozu unsere Verwaltungszentrale im Hirn im Stande ist und zu erkennen, wofür sie nicht geschaffen ist. Die Betrachtung des Verstandes bzw. des Denkorgans hat bei mir zu der Erkenntnis geführt, dass das, was ich für ein Abbild der Wirklichkeit gehalten habe, doch eher eine selbst erschaffene Wirklichkeit sein muss. Was ich zunächst ernüchternd fand und mich etwas hilflos zurückließ. Aber es hat mir gezeigt, dass in der Verantwortung gegenüber meiner Selbstwahrnehmung auch die Lösung für alle selbst gemachten Probleme liegt, die ich für gewöhnlich den widrigen, äußeren Umständen zugeschrieben habe.

Da das Kontemplieren eine so hilfreiche Methode sein kann, die Brücke zwischen Innen- und Außenwelt zu schaffen, finde ich es auch hilfreich zu beleuchten wie Innen- und Außenwelt in unserem Gehirn erschaffen werden.

Vor ca. 2 Millionen Jahren haben sich beim *homo erectus* neben dem aufrechten Gang vermutlich auch die ersten komplexen neuronalen Brücken zwischen der rechten und linken Hirnhälfte entwickelt. Und die Scheitellappen konnten sich zu doppelfunktionalen Netzwerken entwickeln, was das Gehirn zu einer Art internen Kommunikation mit sich selbst befähigt hat. Dadurch waren die Voraussetzungen für das sogenannte Ich-Bewusstsein entstanden.

In der Evolution waren das vermutlich die Geburt der Selbstreflexion und der Übergang vom Tier- ins Menschenreich. Die biologisch-neuronale Vernetzung des menschlichen Gehirns hat uns erstmals dazu befähigt, Abbilder und bewusste Erinnerungen von unserer Umwelt und uns selbst zu machen, was der Grundstein für das ist, was wir heute Verstand nennen. Durch diese Abbilder, die separat von den unmittelbaren Sinneswahrnehmungen und Reflexen im Gehirn verwaltet werden konnten, wurde es plötzlich möglich, differenzierte Vergleiche anzustellen. Alle Ereignisse unserer bewussten Wahrnehmung werden durch eine chronologische Zuordnung im Gehirn verwaltet.

Diese Fähigkeit ermöglicht Unterscheidungen von Zuständen und Veränderungen (vorher und nachher), woraus unter anderem unsere lineare Zeitwahrnehmung hervorgegangen ist, und unsere Fähigkeit, alles Geschehen kausalen Zusammenhängen zuzuordnen. Die komplexe neuronale Verwaltung der Abbilder haben letztlich auch die Entwicklung der Sprache und damit unser systematisches, abstraktes Denken ermöglicht. Diese Kapazität des rationalen Denkens ist zwar – im Gegensatz zur subjektiven Wahrnehmung – nur ein geringerer Teil unseres inneren Verwaltungssystems, aber für die Interaktion mit der Umwelt die mächtigste Spezialisierung menschlicher Fähigkeiten. Sie ist aber auch sein Gefängnis, sein Hamsterrad, die eigene Täuschungsfalle geworden, zumindest hinsichtlich der Suche nach Glück, Erfüllung und Sinn. Warum eine Blume schön ist, warum sie betörend duften kann, warum wir liebenswert sein können, sind z. B. keine Phänomene, die mit dem rationalen Verstand ergründbar sind. Auch wenn er auf ewig weiterforscht, die Mysterien des Lebens zu verstehen, dafür ist er nicht das richtige Instrument.

Manche Dinge kann nur das „Herz" verstehen. Die Kontemplation hilft zu verstehen, was rational nicht zu verstehen ist. Und sie hilft, Worte zu finden für Dinge, die aus der Welt des Nonverbalen kommen. Je komplexer die Fähigkeit wurde, alle Erscheinungen nachvollziehbaren und vor allem beeinflussbaren Ursachen zuzuordnen, desto wirkungsvoller konnte das menschliche Gehirn seine Wettbewerbsvorteile im biologischen Überlebenskampf geltend machen.

Aus der Selbstwahrnehmung und der Entstehung eines komplexen Selbstbildes hat sich die Welt in Subjekt und Objekt geteilt. Um einen das Zentrum der Wahrnehmung (das Ich) und zum anderen die Welt im Außen. Diese biologische Grundlage hat es dem *homo sapiens* ermöglicht, erfolgreiche Überlebensstrategien zu erdenken. Der Mensch konnte sich viel effektiver und spezifischer an veränderte Umweltbedingungen anpassen, weil die schnell reagierenden Instinkte und Reflexe nun Unterstützung durch geplante und abgewägte Handlungen bekamen.

Das differenzierte Bewusstsein über die eigene Person ermöglichte auch langfristiges, komplexeres und strategisches Handeln.

Die Kunst des abstrakten Denkens, mit deren Hilfe komplizierte Werkzeuge gefertigt werden konnten, hat den evolutionären Sprung der Spezies Mensch eingeleitet. Unser Gehirn hat die Fähigkeit entwickelt, große Datenmengen in komplexen Systemen zu verarbeiten. Informationen können bewusst abgerufen werden und mit aktuellen Ereignissen verglichen werden, sogar der Zugriff auf unbewusst gespeicherte Informationen ist uns in manchen Situationen möglich. Dadurch können wir unser Verhalten sehr spezifisch anpassen. Aber auch sehr weit vorrausschauend planen und kalkulierend handeln – ideal für die Jagd und den Überlebenskampf.

Das instinktiv reflexgesteuerte und das reflektierende analytische Steuerungssystem in uns, sind eine erfolgreiche Zusammenarbeit eingegangen.

In den letzten Jahrhunderten wurde besonders im Westen die Vernunft in Philosophie und Kultur weit überbewertet, was die Möglichkeiten des sogenannten freien Willens betrifft, sich logisch und vernünftig entscheiden zu können. Lange Zeit galt es als ein Ideal, dass der Verstand über Gefühle und das Irrationale des Menschen siegen solle. Aber in letzter Zeit macht besonders die Hirnforschung umwälzende Entdeckungen.

Die Ratio hat zwar im Wachbewusstsein eine scheinbar dominantere Stellung, aber die meisten Entscheidungsprozesse laufen tatsächlich unbewusst ab. Den Erkenntnissen der Hirnforschung zufolge sind die meisten unserer Entscheidungen gar nicht dem sogenannten freien Willen unterlegen. Entscheidungen fallen im Gehirn, bevor wir eine bewusste Begründung dafür gefunden haben. Diese werden nachweislich im Nachhinein dazu konstruiert. Allerdings konnte auch noch nicht bewiesen werden, dass der Mensch überhaupt keinen bewussten freien Willen hat. Unser soziales Zusammenleben (vor allem das Rechtssystem) ist auf die Annahme angewiesen, dass wir unsere Entscheidungen frei, bewusst und selbstbestimmt treffen können und nicht allein den determinierten neuronalen Vernetzungen unterliegen oder nur hormongesteuerte Bioroboter sind.

Die evolutionäre Entwicklung unseres Denkorgans macht deutlich, wie wir heute funktionieren und unsere Wirklichkeit erleben. Zu wissen, dass sich das Gehirn im Evolutionskampf in erster Linie zu unserem spezifischen Überlebenswerkzeug entwickelt hat, hilft zu verstehen, dass es nicht darauf programmiert ist, objektive Wirklichkeit zu erfassen oder uns als Instrument zur Erlangung von Glückseligkeit dienlich sein könnte. Anders ausgedrückt: So wie wir mit unseren Armen nicht fliegen können, so können wir auch nicht allein durch Nachdenken glücklich werden.

Alles, was keinen Sinn macht und sich nicht verstehbaren Regeln unterwirft, stellt ein nicht kalkulierbares Risiko für das rationale Denken da. Dieses Risiko versuchen wir sofort mit Hypothesen über mögliche Ursachen zu erklären, um weiterhin handlungsfähig zu bleiben. Je abstrakter Vorstellungen werden, desto mehr müssen wir erahnen worum es geht. Was z. B. vor dem Urknall gewesen sein soll, bzw. welche Bedingungen ihn verursacht haben können, kann unser Verstand einfach nicht denken. Ein Universum ohne Ursache und Sinn, ohne Anfang und Ende sprengt einfach unsere Vorstellungskraft. Deshalb sind für uns Gleichnisse so hilfreich, wenn wir etwas sehr Abstraktes besser verstehen wollen.

Unser Denkorgan ist biologisch darauf programmiert, so lange zu forschen und zu suchen, bis es eine befriedigende Antwort oder Hypothese gefunden hat, die sich mit unserem Welt- und Selbstverständnis vereinbaren lässt. Unser Selbstverständnis, autonom handelnde und selbstbestimmte Wesen zu sein, die ihr Glück beeinflussen können, ist deshalb auch nicht so leicht in Frage zu stellen, weil es bisher unser Überleben als Individuum und in der Sippe gewährleistet hat.

Viele Neurobiologen und Philosophen zweifeln dieses menschliche Selbstbild jedoch an und beschreiben das menschliche Gehirn als ein geschlossenes System. Was konkret bedeutet, dass die Welt, wie wir sie „im Außen" wahrnehmen, uns nur als subjektiv verarbeitete Projektion unserer Sinne zeigt. Alle Informationen über unsere Umwelt gelangen über unsere fünf Sinne in die Verwaltungszentrale Gehirn, in der daraus die jeweiligen Wahrnehmungen geformt werden. Erstmals hatte Platon diese Sichtweise in seinem sogenannten Höhlengleichnis versucht zu beschreiben.

Der Biologe Humberto Maturana beschreibt die Arbeit unseres Nervensystems als ein Netzwerk erregbarer Zellen, in dem die neuronalen Aktivitätsmuster in ständig wechselnde Beziehungen zueinander treten. Das Gehirn errechnet die Übergänge von Zustand zu Zustand, ohne eine wirkliche Unterscheidung von innen und außen bestimmen zu können. Maturana vergleicht unsere Wahrnehmung mit einem Piloten im Blindflug (ein modernes Höhlengleichnis). Der Pilot kann zwar die Welt um sich herum nicht selbst sehen, aber er bekommt genügend Informationen über seine Instrumente (die fünf Sinne), um seine Maschine sicher navigieren zu können. Wir können durch die Informationen unserer Sinne und mit Hilfe unseres Bordcomputers eine angemessene Orientierung errechnen. Die Bilder unserer Wahrnehmung sind im Grunde rechnerisch konstruierte Ersatzbilder einer Wirklichkeit, zu der wir keinen besseren Zugang haben.

Genau wie die heutigen Darstellungen ferner Galaxien, die zwar aussehen wie Fotografien, aber keine optischen Ablichtungen der äußeren Wirklichkeit mehr sind, sondern computergenerierte Darstellungen aus abstrakten Daten. Diese künstlich entworfenen Darstellungen halten Menschen, die keine Kosmologen sind, für reale Abbilder des Weltalls. Dabei ist es lediglich die bestmögliche Darstellung von etwas, das viel zu groß und weit weg ist, um es visuell erfassen zu können.

Was die wirkliche äußere Welt betrifft, tappen wir buchstäblich im Dunkeln. Das, was wir über die

Welt erfahren können, sind nur sehr begrenzte Ausschnitte, Informationen, welche durch die Beschaffenheit und Funktion der fünf Sinne und unserer Verarbeitungszentrale selektiert werden. Umso wichtiger ist es, die Welt im Inneren besser zu verstehen. Über unsere optische Wahrnehmung, die ja unsere dominanteste Sinneswahrnehmung ist, wird dies deutlich.

Das Licht, das von den Objekten unserer Umwelt reflektiert wird und so auf unsere Netzhaut fällt, wird zunächst in elektrische Impulse (Informationen) umgewandelt, die über die Nervenbahnen ihren Weg in die bildgebende Verarbeitungszentrale unseres Gehirns finden. Gesehen wird also gar nicht mit den Augen. Erst im Gehirn entsteht unser visuelles Erleben, bzw. das Bild, das wir uns von der Welt da draußen machen. Und dann ist es noch nicht einmal eine neutrale Wiedergabe der Fakten. Bevor etwas gesehen werden kann, muss es im Gehirn erst „wiedererkannt" werden, bzw. als visuelle Information im Zusammenhang unserer Gesamtwahrnehmung integrierbar sein. Kurz gesagt, es wird solange interpretiert, bis ein funktionierendes Gesamtbild der Wirklichkeit geformt werden kann.

Diese Ausflüge in die neurobiologische Erkenntnisforschung sollen hier nicht den Beweis antreten, dass wir nur in der Lage sind, Illusionen zu erschaffen, sondern zeigen, wie unser Bild der Wirklichkeit in unserem Gehirn entsteht und wo man gegebenenfalls etwas ändern kann, nämlich bei der Betrachtung der eigenen Verarbeitungszentrale.

Speziell in unserer Kultur wird einfach unverhältnismäßig viel Aufmerksamkeit in die äußere Welt gelenkt und dabei vergessen, dass die Welt da draußen auch nur als neuronale Verknüpfung von Impulsen in unseren Köpfen existiert. Selbst wenn wir scheinbar über die gleichen objektiven äußeren Erscheinungen sprechen, nimmt sie jeder von uns anders war.

Unser Verstand ist nicht darauf ausgelegt zu ermitteln, was Wirklichkeit und was Illusion ist. Dies ist vergleichbar mit unseren Beinen und Armen, mit denen wir zwar in der Lage sind, uns im Wasser schwimmend vorwärts zu bewegen, die sich aber in ihrer Hauptfunktion zu Lauf- und Greifwerkzeugen entwickelt haben.

Die Funktion einer Information, die vom Verstand verarbeitet wird, ist evolutionstechnisch von größerer Dominanz als ihr Wahrheitsgehalt bzw. ihre inhaltliche Richtigkeit. Unser Denkorgan wurde zwar von Psychologie und Neurobiologie inzwischen enorm erforscht, aber Wissenschaft und Philosophie konnten bis heute noch keine eindeutige und allgemein gültige Definition dafür festlegen, was Bewusstsein genau ist.

Aber Bewusstsein ist der elementare Baustein für alles menschliche Erkennen, vielleicht sogar für das Menschsein selbst. Kein Forschungsergebnis wird uns den Entwicklungsschritt abnehmen können, den wir durch die Suche nach Wahrheit und Verständnis alle selbst machen müssen. Die subjektive Erfahrung der Bewusstwerdung kann durch keine objektiv definierte Wahrheit ersetzt werden.

Die Entwicklung aller Formen von Meditation und Kontemplation sind Versuche, dieser Erfahrung näher zu kommen. Und so kann jeder nur für sich selbst herausfinden, was für ihn funktioniert.

Kontemplation hilft, das Verstehbare zu erforschen, und Meditation hilft darüber hinaus, das nicht Verstehbare in Bewusstsein zu wandeln.

## 19. ZUSAMMENFASSUNG

MIT DER METHODE DES KONTEMPLIERENS HAST DU EIN Werkzeug kennengelernt, mit dem du dir selbst in schwierigen Situationen weiterhelfen kannst. Wann immer du willst, kannst du:

· Wichtige Fragen aus dir selbst heraus beantworten.
· Bedeutende Entscheidungen mit deinem Inneren abstimmen.
· Eine Forschungsreise zu den zentralen Themen deines Lebens machen.
· Dich wieder daran erinnern, worauf es dir im Leben ankommt.
· Orientierung finden, um deinen weiteren Lebensweg zu entdecken.

In Lebenssituationen, in denen du zunächst unklar und verwirrt bist, beginne mit der Frage:

· Was ist gerade mein Thema?
oder
· Was brauche ich gerade?

Du kannst dich auch direkt an deine höhere Instanz wenden. Um Offenheit und Verständnis bitten und danach die Frage stellen:

· Was ist für mich gerade wichtig zu erkennen?

Bei Themen, die dir zunächst komplex erscheinen beginne mit einer Kontemplation, in der du alle Assoziationen, oder Fragen zu deinem Thema notierst, die dazu auftauchen. Dann kannst du die verschiedenen Aspekte einzeln befragen und dir das Thema so Schritt für Schritt erschließen.

Erzwinge und verdränge nichts.
Übe das wertfreie Beobachten.

## KURZANLEITUNG FÜR DIE PRAXIS

**Äußerer Rahmen:** Sorge für einen äußeren und inneren Raum der Achtsamkeit, bevor du mit dem Kontemplieren beginnst. Schaffe dir einen besonderen Platz zum Kontemplieren. Entzünde z. B. eine Kerze und sorge dafür, dass du nicht gestört wirst.
Lege dir Stift und Papier bereit, auf dem du deine Frage notierst. Mit einer Uhr (oder CD) achtest du auf die Zeit: 3 Minuten Einstimmung, 7 Minuten Kontemplationsphase.

**Einstimmung / Versenkung:** Bevor du mit dem Kontemplieren beginnst, komme innerlich zur Ruhe, nimm einige tiefe Atemzüge, gehe mit der Aufmerksamkeit nach innen und fühle deine Bereitschaft, offen und unvoreingenommen eine Antwort zu empfangen.

**Der innere Raum:** Für den inneren Raum der Achtsamkeit suche in deiner Vorstellung deinen inneren Tempel oder einen für dich ganz besonderen inneren Beobachtungsraum auf und gehe dabei durch alle Sinneswahrnehmungen, so dass du mit diesem Ort, Bilder, Klänge, sensorische Eindrücke sowie einen Geruch und Geschmack verbinden und dich dort sicher und vertraut fühlen kannst. Diese innere Orientierung hilft dabei, präsenter zu bleiben, denn der Geist wird bei geschlossenen Augen schneller von Tagträumen davongetragen und verliert den Fokus des Anliegens.

**Kontemplationsphase:** Wenn du nach der Einstimmung an deinem inneren Kontemplationsplatz angekommen bist, sprich deine Frage laut aus. Notiere alles, was spontan auftaucht in Stichworten oder Sätzen, ohne es zu bewerten, als unwichtig auszusortieren oder dabei zu analysieren. Wenn du abschweifst, stelle einfach erneut deine Frage bis die 7 Minuten vorbei sind. Bedanke dich innerlich und verlasse deinen inneren Tempel.

**Nachbetrachtung:** Betrachte deine Notizen und entscheide intuitiv, was der zentrale Punkt ist. Formuliere daraus eine weiterführende Frage, wenn du merkst, dass sich noch mehr offenbaren könnte. Bei mehreren wichtigen Punkten, stelle auch dazu weiterführende Fragen für deine nächsten Kontemplationen.

**Vorbereitende Kontemplation:** Wenn du mit deiner Frage noch nicht klar bist oder das Thema noch nicht zu fassen bekommst, beginne wie zuvor beschrieben mit der Einstimmung und anstatt in der Kontemplationsphase eine Frage zu stellen, beobachtest du einfach, was durch freies Assoziieren vor deinem inneren Auge auftaucht und erst nach den 7 Minuten notierst du, was dort aufgetaucht ist. Aus diesen Notizen selektierst du dann eine Frage.

**Fragen:** Du kannst mit einer Kontemplation beginnen, in der du zunächst fragst: „Was ist gerade mein Thema?" Um weiterführende Fragen zu finden, kannst du fragen: „Worum geht es bei diesem Thema?" oder „Was will mir dieses oder jenes sagen?" Du kannst auch Gefühle, deinen Körper oder Themen direkt in der 2. Person ansprechen und befragen. Für die Klärung einer komplexeren Thematik kannst du zunächst in einer Kontemplation nach einem ganzen Fragenkatalog fragen, sodass du erst einmal alle Fragen zu einem Thema sammelst und sie dann in weiteren Kontemplationen eine nach der anderen behandelst.

**Wertfreie Betrachtung:** Soweit du deine Erwartungen und Vorurteile bemerken kannst, lege sie für die Zeit der Kontemplation zur Seite, um mit neutraler Haltung, offen und empfänglich für neue Erkenntnisse zu sein. Erzwinge nichts und verdränge nichts, beobachte einfach wie ein unbeteiligter Zeuge und mache deine Notizen. Was stimmig ist, sagt dir dein Herz und dein Verstand wird es erklären.

### Ein paar Punkte, die bei der Kontemplation hilfreich sind:

- dabei bleiben,
- dich zu nichts zwingen,
- den inneren Richter/Zensor bemerken und ihn beim Kontemplieren freistellen,
- die eigenen Erwartungen und Motivationen bemerken, nach der „passenden" Frage suchen,

- die Erkenntnisse weiterverfolgen, konkretisieren und erneut durchlesen,
- die Erkenntnisse im Alltag integrieren,
- vor wichtigen Entscheidungen deine innere Weisheit befragen.

Kontemplation ist keine Arbeit oder Therapie.
Es ist eine Methode zur Offenbarung von Erkenntnissen, für die man bereit ist.

# ANHANG

Auf den nächsten Seiten findest du als Anregung einige Fragen für verschiedene Kontemplationsthemen. Es könnte sein, dass die eine oder andere Frage eine besondere Anziehungskraft auf dich ausübt und in dieser oder ähnlicher Form schon länger in dir nach einer Antwort sucht. Dann kannst du diese für deine Kontemplation benutzen.

Wenn du merkst, dass du nach etwas suchst, dafür aber zur Zeit keine konkrete Frage formulieren kannst, dann könntest du zunächst mit einer dieser Fragen beginnen, die deiner noch ungeborenen Frage am nächsten kommt.

Wenn eine Frage dein Herz anrührt, oder etwas von der Sehnsucht deiner Seele ausdrückt, dann bist du auf dem Weg eine lebendige und bedeutende Antwort zu finden.

Bestimmte elementare Themen können auch ein sehr spannendes Forschungsfeld bieten, selbst wenn kein aktueller Anlass in deinem Leben besteht. Die einfache Neugier für eines dieser Themen kann in der Kontemplation Erkenntnisse offenbaren, die für dich eine besondere Bedeutung haben, weil sie in dir gereift sind und nicht, weil du sie von anderen übernommen hast.

### Allgemeine Einstiegsfragen

- Warum sollte ich mich überhaupt mit Kontemplation beschäftigen?
- Welche Bereiche im Leben möchte ich kontemplativ erforschen?
- Was hilft mir beim Kontemplieren?
- Wie kann ich im Alltag besser auf meine innere Stimme hören?
- Wie oft möchte ich über dieses Thema kontemplieren?
- Bin ich gerade offen dafür, dieses Thema zu erforschen?
- Was hält mich davon ab, das zu tun, was ich wirklich möchte?
- Was ist mir gerade im Leben am Wichtigsten?

### Fragen zur aktuellen Situation

- Was ist gerade mein Thema?
- Was ist gerade meine Frage?
- Was kann ich aus ... lernen?
- Was steckt hinter dem Thema?
- Wie gehe ich besser mit ... um?
- Welcher Bereich meines Lebens braucht gerade Aufmerksamkeit?
- Was kann mich in dieser Situation unterstützen?

**Fragen zu dir selbst:**

- Was ist meine Position jetzt?
- Wie sieht mein Selbstbild aus?
- Was bestimmt meinen Selbstwert?
- Innere weibliche Seite, was möchtest du mir sagen?
- Innere männliche Seite, was möchtest du mir sagen?
- Körper, was brauchst du gerade?
- Schmerz, was möchtest du mir sagen?
- Was sind meine größten Befürchtungen?
- Woher schöpfe ich mein Urvertrauen?
- Was sind meine Grundbedürfnisse?
- Wie kann ich empfänglicher für die Erfüllung meiner Bedürfnisse werden?
- Was in mir möchte gesehen werden?
- Welche Erwartungen habe ich?
- Wo finde ich meinen inneren Zufluchtsort?
- Welche Qualitäten möchte ich in meinem Leben vermehren?
- Was hat welche Priorität?
- Was kann ich konkret tun, um es zu verwirklichen?
- Was bedeutet Geld / Erfolg / Zeit für mich? (einzeln befragen)
- Lebensziele: Was möchte ich in diesem Leben noch erreichen/ erleben?
- Was ist Lebensqualität für mich?
- Was bedeutet Raum mir selbst zu begegnen?

**Erkundung der eigenen Prägungen**

- Welche Gefühle machen mir das Leben schwer?
  (Liste alles auf)
- Welche Gedanken lösen dieses Gefühl aus?
  (Befrage jedes Gefühl einzeln)
- Welche Gedanken lösen stattdessen Gefühle aus, die das Leben leichter machen?

**Automatische Reaktionsmuster erkennen**

Gehe jeweils mit einer Frage in eine Kontemplation und finde so Stück für Stück heraus, wie du außerhalb deiner bewussten Entscheidungen funktionierst. Aus diesen Erkenntnissen kannst du formulieren, für was du dich bewusst entscheiden möchtest und weiter fragen, was dich bei der Umsetzung unterstützen würde.

- Ich werde immer wütend, wenn ...
- Ich werde immer unsicher, wenn ...
- Ich werde immer müde, wenn ...
- Ich werde immer unruhig, wenn ...
- Ich schweife mit meinen Gedanken immer ab, wenn ...
- Ich ärgere mich immer, wenn ...
- Ich verliere meine Konzentration immer, wenn ...
- Ich verliere den Kontakt zu mir selbst immer, wenn ...

Finde auch eigene Schemata, die für dich Bedeutung haben. An den wichtigsten Punkten kannst du dann weiterfragen, was dich darin unterstützt, dass zu entscheiden und zu tun, was du wirklich willst.

**BEISPIEL**

**Ich sehe immer Fernsehen...**

... wenn ich mich befreien will.
... wenn ich frei von Ansprüchen sein will.
... wenn ich das Gefühl von Freiheit haben will.
... wenn mir zu viel durch den Kopf geht, das ich abschalten will.
... wenn ich vor einer inneren Leere fliehen will.
... wenn es mir zu viel ist mein Leben zu regeln, zu füllen und zu gestalten.


**Fragen zu zwischenmenschlichen Beziehungen**

- Bin ich eher beziehungssicher oder beziehungsunsicher?
- Habe ich eher ein Problem mit Unabhängigkeit oder Abhängigkeit?
- Was mache ich mit meiner Verletzbarkeit?
- Was sind meine Erwartungen ... gegenüber?
- Was sind meine Wünsche ... gegenüber?
- Was löse ich bei ... aus?
- Was kann ich geben?


**Kommunikation: „Die vier Tore der Sprache"**

Überprüfe das, was du jemandem sagen willst anhand folgender vier Fragen, insbesondere dann, wenn du ein wichtiges Gespräch führen willst und du dir eine erfolgreiche Kommunikation wünschst (Erfolg im gegenseitigen Sinne).

1. Ist das, was ich sage, wahr?
2. Ist das, was ich sage, freundlich?
3. Ist das, was ich sage, hilfreich (für alle)?
4. Ist es der richtige Zeitpunkt für das, was ich sagen will?

### Forschungsreisen

- Was bedeutet Glück für mich?
- Was bedeutet Leid für mich?
- Was ist das Thema meines Lebens?
- Was sind meine Prioritäten im Leben?
- Wie erkenne und finde ich meine Berufung?
- Was bedeutet Freiheit?
- Was ist Zeit?
- Was sind meine Erwartungen?
- Was bewirken meine Erwartungen?
- Was ist Bewusstsein?
- Wer bin ich?
- Was ist Gott?

Entscheide dich zuvor, wie oft und wie lange du dich mit der jeweiligen Frage beschäftigen möchtest und verfolge auch alle Nebenthemen dazu. Mit einigen dieser Fragen haben manche Sucher schon ihr ganzes Leben verbracht.

## KONTEMPLATIONEN ÜBER „MITGEFÜHL"

### Was ist Mitgefühl?

- Mitgefühl ist eine innere Stimmung in der du den Anderen mit Verständnis und Liebe betrachten kannst, so als wärst du selbst der Andere. Im Mitgefühl hast du mit allem etwas zu tun, bist nicht getrennt, kannst das Außen als Spiegel deiner eigenen Seele annehmen.

### Was ist Mitgefühl?

- Mitgefühl ist die freie Entscheidung aus dem Herzen heraus an dem Leid und der Freude des Anderen teilzunehmen und Verständnis für die Situation zu empfinden.
- Um Mitgefühl entwickeln zu können, musst du die Unschuld im Anderen sehen können, also dass er nicht vorsätzlich und bewusst Leid herbeiführt.
- In dem Maße wie ich Mitgefühl für Andere empfinden kann, so kann ich auch mich selber mit meinen Unzulänglichkeiten annehmen und lieben!

### Was ist Mitgefühl?

- Mitgefühl ist eine tiefe Akzeptanz vom Leben. Du kannst hören was jemand sagt, aber erst mit dem Mitgefühl entsteht ein Verstehen des Anderen!
- Trenne Mitgefühl deutlich von Mitleid!

**Welche Gedanken stehen dem Mitgefühl im Wege?**

- Eigentlich alles Denken, weil es nicht durch richtiges oder falsches Verhalten ausgelöst wird. Jedoch gibt es Gedanken, die es verscheuchen. Wenn du Menschen wertend vergleichst.
- Mitgefühl ist nicht etwas, das man erst verdienen könnte. Mitgefühl folgt keinen Prinzipien, ist keine Methode, um etwas zu erreichen.

**Was ist Mitgefühl?**

- Mitgefühl ist aus einem Gefühl inneren Erfülltseins möglich, aber es führt auch zu diesem Zustand.
- Mitgefühl ist das Eigentliche, was du zu geben hast.
- Angst, Entbehrung, Bedrohung und Bedürftigkeit trennt dich von Mitgefühl.

**Kann ich Mitgefühl herbeiführen oder entsteht es nur absichtslos?**

- Es gibt nur Schmerzen und Gedanken, die es verdrängen. Einfach mit offenem Herzen zu schauen, ist Mitgefühl.

www.innenwelt-verlag.de

**UNSER NAME IST PROGRAMM!**